MATTHIAS BROCKMEIER

# Das POS-System des deutschen Kreditgewerbes

**Untersuchungen über das Spar-, Giro- und Kreditwesen**

Abteilung B: Rechtswissenschaft

Schriften des Instituts für internationales Recht des Spar-, Giro- und Kreditwesens an der Universität Mainz

Herausgegeben von

Prof. Dr. Walther Hadding und Prof. Dr. Uwe H. Schneider

Band 71

# Das POS-System des deutschen Kreditgewerbes

Von

Matthias Brockmeier

Duncker & Humblot · Berlin

Die Deutsche Bibliothek – CIP-Einheitsaufnahme

**Brockmeier, Matthias:**
Das POS-System des deutschen Kreditgewerbes / von Matthias Brockmeier. – Berlin: Duncker und Humblot, 1991
(Untersuchungen über das Spar-, Giro- und Kreditwesen: Abt. B, Rechtswissenschaft; Bd. 71)
Zugl.: Münster (Westfalen), Univ., Diss., 1990
ISBN 3-428-07167-0
NE: Untersuchungen über das Spar-, Giro- und Kreditwesen / B

D 6


Fremddatenübernahme: Klaus-Dieter Voigt, Berlin 61
Druck: Werner Hildebrand, Berlin 65
Printed in Germany

ISSN 0720-7352
ISBN 3-428-07167-0

# Vorwort

Wissenschaftlich-technische Innovationen von einigem Gewicht erzwingen erfahrungsgemäß über kurz oder lang Anpassungsleistungen des Rechtssystems. Ein gutes Beispiel dafür aus der jüngeren Vergangenheit liefert die Entwicklung der Elektronischen Datenverarbeitung, von der Rechtsprechung und Rechtswissenschaft zuerst zu Beginn der 80er Jahre Notiz genommen haben. Der Siegeszug der EDV hatte zur Folge, daß die Gerichte seitdem immer häufiger mit computerrechtlichen Fragen konfrontiert wurden. Auch die einschlägigen Publikationen im Fachschrifttum haben sich explosionsartig vermehrt. Heute, nach zehn Jahren, werden die Konturen eines eigenständigen, in mehreren Spezialzeitschriften gepflegten EDV-Rechts mit schuld-, urheber-, arbeits-, wettbewerbs-, verwaltungs- und strafrechtlichen Bezügen erkennbar. Gleichzeitig hat der Umstand, daß computertechnischer Sachverstand auch unter den Juristen zunehmend um sich greift, die Perspektiven des rechtswissenschaftlichen Fachschrifttums verbreitert. Während es zunächst vorwiegend darum ging, von der Praxis aufgeworfene Fragen ex post in bestehende dogmatische Zusammenhänge einzuordnen, ist die Rechtswissenschaft mittlerweile imstande, neuere Entwicklungen auf dem Gebiet der EDV nahezu zeitgleich aufzunehmen und juristische Problemlösungen vorausschauend bereitzustellen.

In diesen Zusammenhang gehört auch die vorliegende Arbeit. Sie befaßt sich mit den Rechtsfragen eines elektronischen Zahlungssystems – „Point of Sale" –, das ohne die Fortschritte modernster Chiptechnologie nicht denkbar wäre und das seine Erprobungsphase in der Bundesrepublik gerade erst hinter sich gelassen hat. Der Verfasser skizziert die technischen Grundlagen des Systems, qualifiziert die Rechtsbeziehungen der einzelnen Beteiligten im Hinblick auf die Vertragstypen des Schuldrechts und untersucht eine Reihe von Detailproblemen, mit deren Auftreten nach einer bundesweiten Einführung des Systems voraussichtlich zu rechnen sein wird.

Ausgangspunkt der Überlegungen ist die zwischen den Spitzenverbänden der Kreditinstitute, der Deutschen Bundespost und der „Gesellschaft für Zahlungssysteme mbH" mit Wirkung vom 1. 3. 1989 geschlossene POS-Rahmenvereinbarung, in der die organisatorischen und technischen Voraussetzungen für die Einführung und den Betrieb des Systems beschrieben werden. Um dieses – vom Verfasser als BGB-Gesellschaftsvertrag gedeutete – Vertragswerk gruppieren sich die Rechtsbeziehungen der übrigen Beteiligten, nämlich zwischen

- der erwähnten BGB-Gesellschaft und den am POS-Zahlungsverkehr teilnehmenden Kreditinstituten,
- Händler und der „Gesellschaft für Zahlungssysteme“,
- Händler und kartenausgebendem Kreditinstitut,
- Händler und Karteninhaber,
- Händler und Inkassoinstitut,
- kartenausgebendem Kreditinstitut und Karteninhaber.

Im Mittelpunkt der Erörterungen steht die Frage, wie das Rechtsverhältnis zwischen dem POS-Händler und dem kartenausgebendem Institut aufzufassen ist; insbesondere, wie das im POS-Rahmenvertrag angesprochene „Zahlungsversprechen“ des Kreditinstituts gegenüber dem Händler konstruiert werden kann. Der Verfasser vertritt die Auffassung, daß das „Zahlungsversprechen“ des Kreditinstituts durch die Autorisierungsfrage des Händlers einerseits und die rechnergesteuerte Positivmeldung der Bank andererseits zustandekommt. Dieses „Zahlungsversprechen“ versteht er nach sorgfältiger Analyse der in Frage kommenden Vertragstypen nicht als Garantie, sondern als abstraktes Schuldversprechen i. S. des § 780 BGB. Entscheidend ist für ihn die Überlegung, daß das Kreditinstitut haften soll ohne die Möglichkeit, sich auf Einwendungen aus dem Valuta- oder Deckungsverhältnisses berufen zu können, daneben aber von den Beteiligten keine subsidiäre, sondern eine primäre Haftung des Instituts gegenüber dem Händler gewollt ist. An diesen Punkten wird sich vermutlich die juristische Diskussion entzünden.

„Plastikgeld“ ist in der Bundesrepublik auf dem Vormarsch: Die „Stiftung Warentest“ (test 2/1990) berichtet von 22 Millionen ausgegebenen ec-Karten; außerdem sind ca. 4 Millionen Kredit- und über 1,3 Millionen Kundenkarten in den Händen der Verbraucher. Es ist nicht zu übersehen, daß das POS-System den Einsatz dieser Zahlungsmittel für alle Beteiligten – Kunde, Händler, Kreditinstitut und ggf. Kartenausgeber – beträchtlich vereinfachen würde. Dies rechtfertigt den Optimismus des Verfassers, der den POS-Kassensystemen ungeachtet der nicht unbeträchtlichen Installationskosten eine „sprunghafte Entwicklung“ prophezeit. Damit würden die in der vorliegenden Arbeit erörterten Zusammenhänge mittelfristig eine große praktische Bedeutung erhalten.

Münster, im Februar 1991 Heinrich Dörner

## Vorwort

Die vorliegende Untersuchung lag im Sommersemester 1990 der Rechtswissenschaftlichen Fakultät der Westfälischen Wilhelms-Universität Münster als Dissertation vor. Sie wurde für die Drucklegung überarbeitet und auf den Stand vom November 1990 gebracht.

Mein herzlicher Dank gilt vor allem Herrn Professor Dr. Heinrich Dörner, der die Arbeit angeregt und betreut hat und mich in jeder Phase der Fertigstellung der Arbeit in großartiger Weise unterstützt hat.

Für die Zurverfügungstellung von Materialien aus der Bankpraxis möchte ich mich ausdrücklich bei Herrn Hans Dierkes von der Dresdner Bank AG, Frankfurt, bedanken.

Weiterhin bedanke ich mich bei Herrn Professor Dr. Helmut Kollhosser für die Übernahme des Korreferates und bei den Direktoren des Instituts für internationales Recht des Spar-, Giro- und Kreditwesens an der Universität Mainz, Herrn Professor Dr. Walther Hadding und Herrn Professor Dr. Uwe H. Schneider, für die Aufnahme der Arbeit in ihre Schriftenreihe.

Münster, im März 1991 — Matthias Brockmeier

# Inhaltsverzeichnis

**Einleitung** ........ 13

**§ 1 Entwicklung des POS-Zahlungsverfahrens** ........ 15

**§ 2 Erster Feldversuch Berlin/München** ........ 17

**§ 3 POS heute** ........ 18

*A. Funktion: Der Zahlungsvorgang bis zur Gutschrift* ........ 18

*B. Systemkomponenten* ........ 20

I. Zugangsmedien ........ 20

II. Das POS-Terminal ........ 21

III. Netzwerk und Autorisierung ........ 21

IV. Besonderheiten des POS-Feldversuchs in Regensburg ........ 22

**§ 4 Wirtschaftliche Bedeutung und Ausblick** ........ 25

**§ 5 Rechtsgrundlagen des POS-Systems des Kreditgewerbes – Das POS-Vertragswerk –** ........ 27

**§ 6 Darstellung der einzelnen Rechtsbeziehungen** ........ 29

*A. Einführung: Die POS-Vereinbarung* ........ 29

*B. Das Rechtsverhältnis der Vertragsparteien untereinander* ........ 30

I. Zusammenschluß als Verein im Sinne von § 54 BGB ........ 31

II. Zusammenschluß als Gesellschaft bürgerlichen Rechts ........ 31

*C. Das Rechtsverhältnis zwischen der BGB-Gesellschaft und den angeschlossenen Instituten* ........ 35

*D. Das Rechtsverhältnis zwischen dem Händler und der GZS* ........ 40

I. Vertragspflichten der GZS ........ 41

II. Vertragspflichten des Händlers ........ 41

III. Rechtsnatur des Händlervertrages ........ 43

*E. Das Rechtsverhältnis zwischen dem Händler und dem kartenausgebenden Kreditinstitut – Das Zahlungsversprechen –* ........ 45

I. Ziffer 9 der POS-Vereinbarung ........ 46

II. Garantieerklärung auf der Scheckkartenrückseite ............ 47
III. Ziffer 7 Abs. 3 der ec-Bedingungen ..................... 47
IV. Ziffer 10 Abs. 1 des Händlervertrages .................. 49
1. Zustandekommen des Vertrages .................... 51
a) Willenserklärung des Händlers .................. 51
aa) Willenserklärung unter Anwesenden oder Abwesenden 51
bb) GZS als Stellvertreterin oder als Botin ........... 53
b) Willenserklärung des kartenausgebenden Kreditinstituts – Automatisierte Erklärung als echte Willenserklärung – .... 54
aa) Gesetzliche Regelungen .................... 55
bb) Meinungen in der Literatur ................. 55
cc) Stellungnahme ......................... 57
2. Rechtsnatur des Zahlungsversprechens ............... 59
a) Schuldübernahme ........................... 59
b) Schuldbeitritt ............................. 60
aa) Interesse des Händlers ..................... 61
bb) Interesse der Bank ....................... 62
cc) Interesse des Karteninhabers und Kunden ......... 62
c) Selbstschuldnerische Bürgschaft ................. 63
d) Garantievertrag oder abstraktes Schuldversprechen ...... 64
aa) Garantievertrag ......................... 64
(1) Vergleich mit Scheckkarten- und Kreditkartenverfahren ............................ 65
(a) Das Scheckkartenverfahren ............ 66
(b) Das Kreditkartenverfahren ............ 66
(2) Gegenüberstellung der Zahlungssysteme ....... 67
(a) POS- und Scheckkartenverfahren ......... 68
(b) POS- und Kreditkartenverfahren .......... 70
bb) Das abstrakte Schuldversprechen .............. 71
e) Ergebnis ................................ 72
3. Technisch unabdingbare Voraussetzungen des abstrakten Schuldversprechens ............................... 72
4. Form ..................................... 73
5. Geltung und Ende des Zahlungsversprechens ............ 73
6. Stornorecht ................................ 75
7. Umfang des Zahlungsversprechens .................. 76
8. Mängel im Valuta- und im Deckungsverhältnis ........... 76
a) Mängel im Valutaverhältnis ................... 77
b) Mängel im Deckungsverhältnis .................. 77
9. Mißbräuchliche Verwendung der Karte ............... 78
10. Fehlerhafte Autorisierungserklärung des Kreditinstituts und ihre Anfechtbarkeit ............................ 81
a) Daten- und Programmfehler .................... 82
b) Fehlerhafte Eingabe oder Bedienung .............. 83
c) Mißbräuchlicher Eingriff in den Entscheidungsablauf ..... 83
11. Aufrechnungseinwand .......................... 85
12. Rechtsmißbräuchliches Zusammenwirken von Händler und Karteninhaber ............................... 85

*F. Das Rechtsverhältnis zwischen dem Karteninhaber und dem Händler* . . . 86
I. Die Verpflichtung des Händlers . . . 86
II. Die Rechte und Pflichten des Karteninhabers . . . 87
1. Anspruch des Karteninhabers auf bargeldlose Zahlung am POS-Terminal . . . 88
2. Kein Kontrahierungszwang . . . 89
3. Konfliktsituationen . . . 90
4. Rechtliche Qualifikation und Rechtswirkung der Zahlungsabrede . . . 92
5. Vertragsmängel, Leistungsstörungen . . . 93

*G. Das Rechtsverhältnis zwischen dem Händler und dem Inkassoinstitut* . . . 94
I. Pflichten des Händlers . . . 95
II. Pflichten des Inkassoinstituts . . . 96

*H. Das Rechtsverhältnis zwischen dem kartenausgebenden Kreditinstitut und dem Karteninhaber* . . . 96
I. Der Girovertrag . . . 96
II. POS-Kartenabrede . . . 97
1. Keine Verpflichtung zum Abschluß eines POS-Kartenvertrages 98
2. Vertragsinhalt . . . 100
3. Rechtsnatur des Vertrages . . . 100
4. Rechtsnatur der Karte . . . 102
5. Einzelne Pflichten der Vertragsparteien . . . 103
a) Pflichten des Kreditinstituts . . . 103
aa) Weisungsgebundenheit des Kreditinstituts . . . 103
bb) Widerruf der Weisung . . . 105
cc) Aufklärungspflichten . . . 106
dd) Auskunftspflicht . . . 108
b) Pflichten des Karteninhabers . . . 109
aa) Aufwendungsersatzpflicht . . . 109
(1) Verfügungsrahmen des Kunden . . . 110
(2) Verfügung eines Bevollmächtigten . . . 111
(3) Beweislast . . . 113
bb) Sorgfaltspflichten und Obliegenheiten des Karteninhabers 116
(1) Aufbewahrungs- und Geheimhaltungspflicht . . . 116
(2) Benachrichtigungspflicht . . . 117
c) Haftung bei mißbräuchlicher Verfügung . . . 117
aa) Die Ziffern 9 Abs. 2 der Banken- und Sparkassen-ec-Bedingungen . . . 118
bb) Vereinbarkeit der Haftungsregelungen mit § 9 AGBG . 120
(1) Verschuldensabhängige Haftung . . . 121
(2) Verschuldensunabhängige Haftung . . . 123

**Zusammenfassung der wichtigsten Ergebnisse** . . . 126

**Anhang: Dokumentation** . . . 128

**Literaturverzeichnis** . . . 145

# Abkürzungsverzeichnis

| | | |
|---|---|---|
| B. Bl | = | Betriebswirtschaftliche Blätter |
| Btx | = | Bildschirmtext |
| BuM | = | Bank und Markt (Zeitschrift) |
| CR | = | Computer und Recht (Zeitschrift) |
| DB | = | Der Betrieb (Zeitschrift) |
| DFÜ | = | Datenfernübertragung |
| ec | = | Eurocheque |
| FAZ | = | Frankfurter Allgemeine (Zeitung) |
| GAA | = | Geldausgabeautomat |
| GZS | = | Gesellschaft für Zahlungssysteme mbH |
| HB | = | Handelsblatt (Zeitung) |
| PIN | = | Persönliche Identifikationsnummer |
| POS | = | Point-of-Sale |
| SB | = | Sonderbeilage |
| SZ | = | Süddeutsche Zeitung |
| WiWo | = | Wirtschaftswoche |
| WuB | = | Entscheidungssammlung zum Wirtschafts- und Bankrecht |
| ZSM | = | Zahlungssystemmodul |

Im übrigen richten sich die verwendeten Abkürzungen nach Hildebert Kirchner: Abkürzungsverzeichnis der Rechtssprache, 3. Auflage, Berlin 1983 und Duden, Rechtschreibung der deutschen Sprache und der Fremdwörter, 19. Auflage, Mannheim 1986.

# Einleitung

Die Bundesrepublik Deutschland ist immer noch ein Barzahlungsland, denn 88 Prozent der Rechnungen im Handels- und Dienstleistungsbereich werden mit Banknoten und Münzen beglichen. Mit der eurocheque[1]-Karte werden etwa 10 Prozent und mit Kreditkarten etwas über 1 Prozent bargeldlos bezahlt.[2]

Das Verbraucherverhalten der Privatkunden der Banken hat sich in jüngster Zeit geändert. Die Nachfrage nach „Plastik-Zahlungsmitteln" nimmt kontinuierlich zu.[3] Für die nächsten zehn Jahre ist auf diesem Sektor ein sprunghaftes Wachstum zu erwarten. Nahezu alle Arbeitnehmer und Selbständigen haben in der Bundesrepublik Deutschland ein Konto, das oft mit einem Kreditrahmen ausgestattet ist. Von den 41,7 Millionen im ec-System ausgegebenen Karten entfallen 21 Millionen[4] auf das Bundesgebiet. An ca. 6000[5] Geldausgabeautomaten können ec-Karten institutsübergreifend genutzt werden. Eine automatische Geldabhebung ist für deutsche Karteninhaber auch im Ausland möglich. Bereits fünf benachbarte Länder haben sich dem hiesigen Geldausgabeautomatensystem angeschlossen. In relativ wenigen Jahren werden sich die ec-Karteninhaber an etwa 20000 bis 25000 Geldausgabeautomaten bedienen können.[6]

Heute stehen im Bereich des kartengesteuerten Zahlungsverkehrs die POS-Kassensysteme im Mittelpunkt der Diskussion. Ihnen scheint nach anfänglichen Schwierigkeiten eine ähnlich sprunghafte Entwicklung bevorzustehen.

In dieser Arbeit soll das gesamte POS-System des deutschen Kreditgewerbes rechtlich untersucht werden. Zum besseren Verständnis der rechtlichen Ausführungen beginnt die Arbeit mit der Beschreibung der bisherigen Entwicklung und einer umfassenden Darstellung des POS-Systems. Es folgt eine problemorientierte Darlegung und Untersuchung aller durch das System betroffenen Rechtsverhältnisse.

Hinter dem Terminus „POS" verbirgt sich das elektronische Bezahlen von Waren oder Dienstleistungen mittels ec- oder sonstiger Kundenkarten an der

---

1 Im folgenden i.d.R. als ec abgekürzt.

2 Schmidt, S. 19.

3 Jörn, POS, S. T1.

4 Zeyer, S. 16.

5 Hegersberg, S. 165.

6 Vgl. Dorner, Elektronisches Geld, S. 15; derselbe, Chiptechnologie, S. 12ff.

Ladenkasse. Die Abkürzung POS bedeutet „Point of Sale“, meint also den Ort, an dem der Verkauf stattfindet.[7]

Im Ausland finden sich auch die Abkürzungen „EFT“ oder „EFTPOS“, die für „electronic fund transfer at the point of sale“ stehen. Die deutsche Übersetzung hierzu lautet: Elektronischer Zahlungsverkehr an der Ladenkasse.[8] In Deutschland werden diese Kürzel nicht verwendet, da hier andere technische Konzepte zum Einsatz kommen. So wird beispielsweise der Rechnungsbetrag, den der Kunde an der Kasse elektronisch bezahlt, dem Konto des Händlers nicht sofort gutgeschrieben und dem Konto des Kunden dementsprechend nicht sofort belastet. Vielmehr werden die Umsätze in der Kasse des Händlers gespeichert, das heißt, der eigentliche Zahlungsverkehr findet erst zu einem späteren Zeitpunkt statt.[9]

In der Bundesrepublik Deutschland werden unter dem Begriff „POS“ von Handel und Kreditwirtschaft unterschiedliche Systeme verstanden. Der Handel denkt dabei an ein mit einer Kasse verbundenes Warenwirtschaftssystem. Elektronische Datenkassen wickeln danach nicht nur den Zahlungsverkehr teil- oder vollautomatisch ab, sondern übernehmen auch Zu- bzw. Abschreibungen im Warenbestand. Das Kreditgewerbe hingegen versteht darunter ausschließlich die Möglichkeit, Waren und Dienstleistungen an automatisierten Kassen elektronisch bezahlen zu können.[10]

In Testmärkten in Berlin und München wurde das neue elektronische Zahlungssystem mit dem Namen „ec-Kasse“ der Öffentlichkeit bekannt gemacht. Dies ist darauf zurückzuführen, daß in beiden genannten Städten ausschließlich die ec-Karte als Verfügungsmedium zugelassen war.

In dem bundesweit konzipierten POS-System werden jedoch weitere Magnetstreifenkarten, auch die anderer Zahlungssysteme, einzusetzen sein.[11] Aus diesem Grund kennzeichnen die Spitzenverbände des deutschen Kreditgewerbes das Karten-Zahlungssystem neutral mit „electronic cash“.[12] Unter dieser Bezeichnung wird ein Signet zur Kennzeichnung der zur elektronischen Zahlung im Handel geeigneten Kassenterminals entwickelt werden.

Nachfolgend soll der auch international übliche Begriff „POS“ verwendet werden, und zwar im Sinne der elektronischen Bezahlung von Waren und Dienstleistungen an automatisierten Kassen mittels einer hierfür ausgestatteten Plastikkarte mit Magnetstreifen.

---

[7] Titz, S. 24.

[8] BIK, Elektronisches Bezahlen, S. 16.

[9] a.a.O.; Dorner, Abwicklung von Zahlungskarten, S. 15. Zur Funktionsweise des bundesdeutschen POS-System siehe im einzelnen unten, § 3 (S. 18ff.).

[10] Reiser, electronic cash, S. 4.

[11] a.a.O., S. 5.

[12] Kalender, Karte, S. B 29.

## § 1 Entwicklung des POS-Zahlungsverfahrens

Elektronische Zahlungssysteme sind derzeit schon weltweit in den unterschiedlichsten Ausbaustufen verbreitet oder werden in Pilotprojekten getestet.

Die ersten Installierungen von POS-Terminals erfolgten in den USA. Bereits im Jahre 1966 hat die Bank of Delaware ein Projekt entwickelt, das die charakteristischen Merkmale eines POS-Systems (Eingabemedium Plastikkarte, EDV-mäßige Speicherung der Kundendaten, elektronische Gutschrift und Lastschrift der Konten) aufwies.[13] Aus Kostengründen wurde dieses Projekt aber nach zwei Jahren fallengelassen.[14] Nach Jahren der Ruhe und erneuter zögerlicher Anlaufphase von POS-Systemen in den USA ist der Markt wieder in Bewegung gekommen. Mit 50%igen Zuwachsraten hat sich die Zahl der aufgestellten POS-Terminals in der Zeit von 1986 - 1988 von 17000 auf 48000 erhöht.[15]

In Australien vollzieht sich auf diesem Gebiet ebenfalls eine rasante Entwicklung.[16]

Auch in den europäischen Nachbarländern sind mit dem POS-System vergleichbare Systeme bereits im Einsatz. So hat Belgien schon seit Ende der 70er Jahre praktische Erfahrungen gesammelt. Es existieren dort zwei große POS-Systeme mit Namen „Mister Cash“ und „Bancontact“, die sich nunmehr zu einem großen Betreibernetz für den Tankstellen- und Einzelhandelsbereich zusammengeschlossen haben. Die Karten des Bancontact-Systems können sogar auch innerhalb des französischen Carte-Bleu-Systems benutzt werden.[17] Sie sind also bereits international.[18]

In der Bundesrepublik Deutschland hatten der Bundesverband der Deutschen Volksbanken und Raiffeisenbanken e.V., der Bundesverband deutscher Banken e.V., der Deutsche Sparkassen- und Giroverband e.V. und die Deutsche Bundespost im Juni 1981 die „Rahmenvereinbarung über die Abwicklung bargeldloser Zahlungen an automatisierten Kassen von Handels- und Dienstleistungsunternehmen mit institutsübergreifender Nutzung (bargeldlose Kas-

---

13 Priewasser, S. 20.

14 Godschalk, Computergeld, S. 88 mit Fn 1.

15 Weyenmeyer, S. 22.

16 Stewart, S. X.

17 Geerts, S. 73. In Frankreich waren 1985 insgesamt 65000 POS-Geräte, vorwiegend in Tankstellen, installiert: Blaurock, Haftung, S. 38.

18 Bertrams, S. 964.

sensysteme)" abgeschlossen.[19] Ziel der Vereinbarung war es, daß die Vertragspartner in Abstimmung mit dem Handels- und Dienstleistungsgewerbe ein System entwickeln, das es den Kunden ermöglicht, Waren und Dienstleistungen auf elektronischem Wege bargeldlos zu bezahlen. Dies sollte allen Inhabern von entsprechend ausgerüsteten ec-Karten zu gleichen Bedingungen zur Verfügung gestellt werden. Das Kassen-System sollte, wie bereits das institutsübergreifende Geldausgabeautomaten-System, für die Kreditinstitute wettbewerbsneutral ausgestaltet sein, die POS-Kassen selbst aber von den Handels- und Dienstleistungsunternehmen aufgestellt und betrieben werden.

---

[19] BAnz., Bekanntmachungen d. BKartA Nr. 167 v. 9.9.1981, S. 1f.

## § 2 Erster Feldversuch Berlin/München

Im Jahre 1981 gab es dann – von drei örtlichen Kreditinstituten getragen – einen ersten Test in München.[20] Er orientierte sich technisch an den Bedingungen des off-line Geldausgabeautomatenpools. Das bedeutet: Daten aus getätigten Zahlungsverkehrsumsätzen werden auf Datenträger (z.B. Diskette) gespeichert und am Tagesende weitergegeben. Es fand keine Datenfernübertragung statt. Der Versuch brachte die Erkenntnis, daß die Entwicklung eines off-line Systems auf Magnetstreifenbasis für den überregionalen Einsatz nicht ratsam ist.[21] Ein der Geldausgabeautomaten-Anwendung vergleichbares Sicherheitsniveau in Terminal-Kassen ist off-line nur mit der Chipkarte realisierbar. Bei der Magnetstreifenkarte ist nämlich die Autorisierung (Genehmigung) jeder Transaktion durch das kartenausgebende Kreditinstitut oder eine beauftragte Stelle erforderlich. Auf dieser Erkenntnis basiert der im Dezember 1984[22] in Berlin gestartete Feldversuch, bei dem eine direkte Leitungsverbindung zum Rechner der Sparkasse der Stadt Berlin West bestand.[23] Von dort aus wurde für alle angeschlossenen Kreditinstitute die Autorisierung von Kaufbeträgen durchgeführt. Autorisierte Umsätze wurden an die Händler überwiesen und im Lastschriftverfahren von den Karteninhabern eingezogen. Mitte 1985 wurden die Münchener Händlerkassen über einen lokalen Konzentrator (Rechner) in das Berliner System eingegliedert und damit ebenfalls „online". Nunmehr konnte jeder vom Händler angefragte POS-Umsatz direkt genehmigt werden.[24]

Der Feldversuch Berlin/München war von Anfang an als Zwischenlösung konzipiert. Am Ende der Entwicklungsphase sollte ein System stehen, daß die bundesweite bargeld- und beleglose Zahlung mit der ec-Karte ermöglicht. Die im Rahmen der Feldversuche nur mit regionaler Ausdehnung geschaffenen Zahlungsverkehrsnetze werden aber mit Installierung eines überregionalen POS-Zahlungsverkehrsnetzes nicht etwa nutzlos. Die vorhandene „POS-Infrastruktur" soll in das bundesweite Konzept integriert werden.

---

20 Ausführlich in Diebold, Elektronische Zahlungssysteme, S. 115ff.

21 GZS, Electronic cash, S. 2.

22 Dorner, Abwicklung von Zahlungskarten, S. 15.

23 Diebold, Elektronische Zahlungssysteme, S. 120ff.

24 Vgl. Diebold, Elektronische Zahlungssysteme, S. 126ff.

## § 3 POS heute

Nach einer ursprünglich für das Jahr 1989 geplanten bundesweiten Einführung des POS-Systems wird seit Oktober 1989 ein weiterer, auf das Gebiet der Stadt Regensburg begrenzter POS-Feldversuch durchgeführt.

Rechtliche Grundlage dafür ist eine zwischen dem Bundesverband der Deutschen Volksbanken und Raiffeisenbanken e.V., dem Bundesverband Deutscher Banken e.V., dem Deutschen Sparkassen- und Giroverband e.V., der Deutschen Bundespost und der Gesellschaft für Zahlungssysteme mbH (GZS)[25] geschlossene „Vereinbarung über ein institutsübergreifendes System zur bargeldlosen Zahlung an automatisierten Kassen (POS-System)".[26] Diese Vereinbarung baut auf der Rahmenvereinbarung aus dem Jahre 1981[27] auf und ist mit Wirkung vom 1. März 1989 an deren Stelle getreten.[28]

### A. Funktion: Der Zahlungsvorgang bis zur Gutschrift

Ein POS-Zahlungsvorgang stellt sich im einzelnen wie folgt dar:[29]

Der gemeinhin als „Händler" bezeichnete Anbieter der Ware oder Dienstleistung, der an das POS-System angeschlossen ist, hat entweder ein zusätzliches POS-Terminal an seine Kasse angegliedert oder er hat bereits eine Kasse, in welche die POS-Funktionen integriert sind. Wenn nun ein Kunde Waren oder Dienstleistungen zu bezahlen hat, so addiert der Händler die Einzelpreise durch Eingabe in die Kasse. Der Kunde schuldet den am Kassenterminal angezeigten Gesamtbetrag, welchen er in bar oder aber auch bargeldlos begleichen kann. Ist der Kunde im Besitz einer mit Magnetstreifen versehenen, maschinenlesbaren Plastikkarte und einer PIN (persönliche Identifikationsnummer)[30], so kann er bargeldlos zahlen, ohne dabei einen Scheck aus-

---

[25] Die GZS mit Sitz in Frankfurt a.M. und einem Stammkapital von 50 Millionen DM wurde 1982 als Gemeinschaftseinrichtung von privaten Banken, Sparkassen und Genossenschaftsbanken gegründet. Sie hat das Ziel, die Weiterentwicklung des Zahlungsverkehrs, voranzutreiben. Siehe Dorner, Weltneuheit, S. 144; Zeyer, S. 16.

[26] Vereinbarung ist im Anhang abgedruckt.

[27] Siehe oben § 1 (S. 15f.).

[28] Siehe HB 28.12.1988. S. 7.

[29] Widmer, S. 60.

[30] 95% aller ec-Karten und viele Kundenkarten der Kreditinstitute sind heute mit einem Magnetstreifen und einer PIN ausgestattet: Kölner Kreditinstitute, Ein neues Zahlungssystem , S. 4. Instruktiv zu Inhalt und Erstellung der PIN: Bieber, S. 4.

füllen zu müssen. Er hat lediglich seine Karte in den Kartenleser des POS-Terminals einzustecken und hindurchzuziehen. Der Kunde identifiziert sich dabei als rechtmäßiger Inhaber der Karte durch Eingabe seiner PIN über eine für Dritte nicht einsehbare Tastatur.[31] Daten, wie z.B. die Bankleitzahl des kartenausgebenden Instituts und die Kontonummer, welche auf dem Magnetstreifen (Spur 3) der Karte gespeichert sind, werden in dem POS-Terminal gelesen.[32] Das Terminal stellt daraufhin eine Leitungsverbindung zum Computer der kartenausgebenden Bank bzw. zur Rechenzentrale dieser Bank her. Aus Kontonummer und Bankleitzahl wird mit einem komplexen mathematischen Verfahren, dem sogenannten DES-Algorithmus, die kartenzugehörige PIN ermittelt und mit der eingegebenen PIN verglichen.[33] Weiter finden verschiedene Prüfungen statt, die mit einer Autorisierung (Genehmigung) oder einer Negativmeldung enden.[34] Zu einer Negativmeldung kann es kommen, weil

- die Plastikkarte nicht lesbar ist
- die Plastikkarte ungültig bzw. gesperrt ist
- die persönliche Geheimzahl (PIN) dreimal falsch eingegeben wurde
- der persönliche Verfügungsrahmen des Kunden nicht ausreicht.[35]

Für den gesamten Autorisierungsvorgang benötigt der Rechner nur wenige Sekunden. Bei positiver Autorisierung erscheint in dem POS-Terminal die Anzeige: „Zahlung erfolgt“ bzw. „Betrag gebucht“. Der Kunde erhält auf der Kassenquittung einen Hinweis auf das belastete Konto, die benutzte Karte und den Zeitpunkt des Zahlungsvorganges.[36]

In ähnlicher Weise können auch Kreditkartenumsätze von den zuständigen Kreditkartengesellschaften autorisiert werden.

Damit ist jedenfalls der Zahlungsvorgang an der Kasse beendet. Der Einzug des Gegenwertes des POS-Umsatzes erfolgt dann in einem von der Autorisierung getrennten Inkassoverfahren. Hatte der Kunde eine Kreditkarte eingesetzt, so wird sein Konto beim Kreditkartenemittenten belastet und der Betrag dem Händlerkonto (unter Abzug des vereinbarten Disagios) gutgeschrieben. Im Falle einer Verfügung mittels ec-Karte wird die vorgenommene Transaktion im POS-Terminal gespeichert.[37] Wie der Händler schließlich die gesammelten POS-Umsätze dem Kreditinstitut seiner Wahl zum Inkasso über-

---

[31] Littmann, S. 183.

[32] Godschalk, Datenschutz S. 418.

[33] a.a.O., S. 418.

[34] Vgl. zum Verfahren im einzelnen Jörn, POS, S. T1 und ders., Geldautomat, S. T1; Bieber, S. 5; Bertrams, S. 965; Littmann, S. 183.

[35] Littmann, a.a.O.

[36] Vgl. Kalender, Banking-POS, S. 3.

[37] Vgl. Reiser, electronic cash, S. 5.

mittelt, hängt wiederum von der technischen Ausstattung seines POS-Terminals ab. Eine Übertragung der Daten kann on-line im Wege der Datenfernübertragung oder off-line durch Austausch von Datenträgern erfolgen.[38] Für die Fälle, in denen eine Datenfernübertragung (über Postnetze DATEX P oder DATEX L oder Telefonwählleitung) nicht in Betracht kommt, kann an das POS-Terminal beispielsweise ein Diskettenlaufwerk angeschlossen werden. Der Händler reicht dann die Diskette bei seinem Kreditinstitut ein. Dort werden die gespeicherten Tagesumsätze seinem Konto gutgeschrieben. Die Bank zieht nun die Gegenwerte per Lastschrift im Rahmen des Einzugsverfahrens von den jeweiligen Kreditinstituten der Karteninhaber (kartenausgebende Institute) ein. Dort werden schließlich die Konten der Karteninhaber mit den POS-Verfügungsbeträgen belastet.[39]

Der Karteninhaber erhält die Belastungsanzeige per Kontoauszug von seinem Kreditinstitut oder im Falle der Kreditkartenverfügung eine entsprechende Abrechnung von seiner Kreditkartengesellschaft. Daraus läßt sich ersehen, bei wem und wann mit der Plastikkarte bezahlt worden ist. Der Händler erhält dementsprechend von seiner Inkassobank oder Kreditkartenorganisation die Gutschriftanzeige, und zwar summiert für alle in seiner Kasse gespeicherten Transaktionen.[40]

## B. Systemkomponenten

Zum besseren Verständnis erfolgt hier eine gesonderte Darstellung der einzelnen Komponenten des POS-Systems.

### I. Zugangsmedien

In dem POS-System werden zunächst die ec-Karten , die im Mittelpunkt der vorliegenden Arbeit stehen sollen, einsetzbar sein. Später sollen aber auch die Kundenkarten der Banken und Sparkassen (z. B. Bankcard, S-Card) und vor allem Karten der bekannten Kreditkartengesellschaften Zugang zu POS finden. Voraussetzung ist jedoch, daß die Magnetstreifen der jeweiligen Karten den internationalen Normen[41] entsprechen und vom Händler akzeptiert werden. Nur dann können die Karten von den Kassenterminals der Händler verarbeitet werden. Ec-Karten und Kundenkarten deutscher Kreditinstitute erfüllen die internationalen Normen.

---

[38] Vgl. Kalender, Banking-POS, S. 3.
[39] Vgl. Otto, S. 23.
[40] Vgl. Reiser, electronic cash, S. 5.
[41] Sog. ISO-Norm: Vgl. GZS, POS-Hybridsystem, S. 9.

Für die Abwicklung von Kreditkartenzahlungen müssen hingegen die Bedingungen und technischen Voraussetzungen noch festgelegt werden. Daher wird in der nachfolgenden Darstellung im wesentlichen auf das POS-Verfahren des deutschen Kreditgewerbes abgestellt.[42]

## II. Das POS-Terminal

Die Kasseneinheit des Händlers ist mit einer Datenfernübertragungseinrichtung für den leitungsgebundenen Nachrichtenverkehr und mit einem Umsatzspeicher ausgerüstet. Damit das Terminal Transaktionen mit der ec-Karte verarbeiten kann, wird es durch das sogenannte Zahlungssystemmodul (ZSM) ergänzt. Das ZSM wurde speziell für das eurocheque-Zahlungssystem entwickelt und enthält die gesamten Sicherheitsstrukturen für ec-Karten.[43] Daneben übernimmt das ZSM im POS-Terminal die zahlungssystemabhängige Steuerung der Terminalfunktionen, wie z.B. die Speicherfunktionen für Schlüssel- und Händlerdaten im Terminal sowie die Verschlüsselung wichtiger Kundendaten und der PIN bei der Kommunikation zwischen dem POS-Terminal und dem Autorisierungssystem der kartenausgebenden Bank. Darüber hinaus beinhaltet es alle für die Kommunikation mit Chipkarten notwendigen Verfahrens- und Sicherheitseinrichtungen.[44] Erst wenn das ZSM personalisiert, das heißt mit händler- und terminalspezifischen Daten geladen, in die POS-Kasse eingesteckt wird, ist das Terminal betriebsbereit.[45] Das ZSM wird dem Händler kostenfrei in personalisierter Form von der GZS über seine Hausbank zur Verfügung gestellt. Nur der jeweils berechtigte Händler kann mit diesem Modul Autorisierungen von POS-Umsätzen durchführen und die Gegenwerte mit seiner Hausbank verrechnen.[46] Vor einer Veräußerung der ec-Kasse ist der Händler verpflichtet, die Betriebsbereitschaft des im Eigentum der GZS verbliebenen ZSM durch „Entpersonalisierung" wieder aufheben zu lassen.

## III. Netzwerk und Autorisierung

Alle POS-Terminals sind über Datenleitungen der Post (DATEX P, DATEX L oder Telefonwählleitung) an Netzknotenrechner der GZS on-line angeschlossen. Die GZS steuert diese Rechner von einer zentralen Netzverwaltung in Frankfurt aus. Hauptaufgabe dieser Netzknoten ist es, neben der Nachrichtensteuerung und Netzüberwachung, die Autorisierungsanfragen der

---

[42] Siehe auch Reiser, electronic cash, S. 4.
[43] Vgl. Ziffer 2 der POS-Richtlinien.
[44] BIK, Elektronisches Bezahlen, S. 22.
[45] a.a.O., S. 55.
[46] Dorner, Elektronisches Zahlen, S. 59.

Terminals zu den entsprechenden Autorisierungssystemen des Kreditgewerbes und des Postgirodienstes zu leiten.[47] Jeder Netzknoten hat jeweils vier Verbindungen zu den jeweiligen Autorisierungssystemen der deutschen Kreditwirtschaft. Es werden POS-Verfügungsbetrag, Kontonummer, Bankleitzahl und PIN verschlüsselt an einen Netzknoten übermittelt. Erkennt der Netzknoten bei der Analyse der Bankleitzahl, daß es sich z. B. um eine Karte des Genossenschaftsbereiches handelt, so wird die Anfrage zum nächstgelegenen genossenschaftlichen Rechenzentrum geleitet.[48] Die Autorisierung obliegt nämlich grundsätzlich, wie oben erwähnt, den Kreditinstituten und der Post selbst. Wegen des unterschiedlichen Automationsgrades in den einzelnen Bereichen des Kreditgewerbes kommen dabei auch unterschiedliche Konzeptionen zum Einsatz.[49]

Die Autorisierungssysteme sind entweder zentral für die ganze Bankengruppe oder regional bei den einzelnen Rechenzentren der Banken und Sparkassen installiert. Neben den oben bereits skizzierten Sperren-, Daten- und Sicherheitsprüfungen findet auch eine Limitprüfung statt. Die Prüfung, ob ein Kunde für den angefragten Betrag „gut“ ist, erfolgt dem Automationsgrad entsprechend in unterschiedlicher Art und Weise.[50] Ein Teil der Kreditinstitute gibt für die Genehmigung von Kartenumsätzen einen festen Verfügungsrahmen von durchschnittlich 3000,– DM pro Woche. Innerhalb dieses Rahmens kann auch an allen Geldautomaten 400,– DM pro Tag, an solchen des kartenausgebenden Instituts zusätzlich 1000,– DM abgehoben werden.[51] Der Trend geht jedoch zum direkten Zugriff auf das Kundenkonto („Autorisierung am Konto“) unter Berücksichtigung des dort vorhandenen Guthabens bzw. eingeräumten Überziehungslimits. Im Genossenschafts- und Sparkassenbereich ist dies zum Teil schon verwirklicht.[52] Wird nun eine Autorisierungsanfrage positiv beschieden, so verringert sich der vorgegebene Verfügungsrahmen um den angefragten Betrag. Der Vorgang wird in der sogenannten „Vormerkungsdatei“ gespeichert.[53]

## IV. Besonderheiten des POS-Feldversuchs in Regensburg

Nach einer mehrjährigen Entwicklungs- und Planungsphase ist im Oktober 1989 in Regensburg der Startschuß für das deutsche POS-System gefallen.[54] Dort kommen erstmals im Bundesgebiet sogenannte Hybridkarten zum Ein-

---

47 Kalender, Banking-POS, S. 2.
48 BIK, Elektronisches Bezahlen, S. 41.
49 a.a.O.,S. 38.
50 Terrahe, S. 40.
51 Laut Auskunft der Dresdner Bank AG vom 15.11.1989.
52 Siehe Terrahe, S. 40; BIK, Elektronisches Bezahlen, S. 38ff.
53 BIK, Elektronisches Bezahlen, S. 42.
54 Siehe dazu Dt. Sparkassenzeitung v. 20.10.1989 S. 2.

satz, das sind eurocheque-Karten, die neben dem Magnetstreifen zusätzlich mit einem Chip ausgestattet sind. Dazu haben die Regensburger Kreditinstitute 40000 Kunden ausgewählt, an welche diese Hybridkarten ausgegeben wurden. Bei den Karten handelt es sich nicht um reine Testkarten, sondern um echte eurocheque-Karten. Diese können wie bisher über den Magnetstreifen in Kontoauszugsdruckern und institutsübergreifenden Geldausgabeautomaten im In- und Ausland eingesetzt werden. Soweit in diesem Zusammenhang von „Feldversuch" gesprochen wird, bezieht sich das lediglich auf den Chip, dessen praktische Einsatzfähigkeit unter Beweis gestellt werden soll.[55] Daher bedeutet der Start von POS in Regensburg auch gleichzeitig den bundesweiten Start dieses Zahlungssystems, in dem alle derzeit im Bundesgebiet an Kunden ausgegebenen eurocheque-Karten eingesetzt werden können.[56]

Bei den Chips, die in den neuen Hybridkarten Verwendung finden, handelt es sich nicht nur – wie in anderen Ländern – um reine Speicher-Chips, sondern um programmgesteuerte, intelligente Mikroprozessor-Chips.[57] Eingesetzt wird die sogenannte EEPROM[58]-Technik, die es den kartenausgebenden Banken ermöglicht, Anwenderprogramme und Kundendaten zu speichern (und auch wieder zu verändern).

Entsprechend programmierte Chips sind in der Lage, die Autorisierung eines POS-Umsatzes zu übernehmen. Während bei Magnetstreifenkarten alle POS-Verfügungen on-line durch den Computer der kartenausgebenden Bank autorisiert werden müssen, können beim Einsatz einer Hybridkarte an einem POS-Terminal etwa 80% der Transaktionen off-line autorisiert werden. Die Kommunikation erfolgt dabei nur zwischen dem in der ec-Karte integrierten Chip und dem POS-Terminal. Die relativ hohen Kommunikationskosten zu den Autorisierungszentralen werden so um einen erheblichen Teil verringert.[59] Nur wenn bestimmte Parameter in der Kunden-Chipkarte und im Terminal dies verlangen (bei ca. 20% aller Verfügungen), wird eine online-Verbindung zum Autorisierungssystem des Kartenausgebers aufgebaut. So ist beispielsweise vorgesehen, on-line zu autorisieren, wenn der Transaktionsbetrag einen bestimmten, individuell gespeicherten Wert überschreitet.[60]

Über den soeben beschriebenen Kostenvorteil hinaus ergeben sich für die ec-Karten auf der Basis der Chiptechnologie bisher nicht erreichbare Einsatzfelder. Anwendungen, wie z.B. Kauf von Fahrkarten im Verkehrsverbund, elektronisches Bezahlen in Parkhäusern, an der Theaterkasse, in Schwimmbädern etc., sind bereits in Vorbereitung. Die Bundespost installiert darüber

---

[55] Kalender, Banking-POS, S. 9.

[56] BIK, Elektronisches Bezahlen, S. 63.

[57] Kalender, Karte, S. B. 29.

[58] „Electrically Erasable Programmable Read Only Memory."

[59] BIK, Elektronisches Bezahlen, S. 63.

[60] Dorner, Chiptechnologie, S. 15.

hinaus sogenannte Chipkartentelefone, mit denen unter Einsatz der ec-Hybridkarte bargeldlos telefoniert werden kann. Auf diese Art und Weise erhält eine Chipkarte, die mit unterschiedlichen Anwenderprogrammen nachgeladen werden kann, den Charakter der Multifunktionalität.[61]

## § 4 Wirtschaftliche Bedeutung und Ausblick

Die verschiedenen Feldversuche und die geplante bundesweite Einführung des POS-Systems sind im wesentlichen auf Anstrengungen des deutschen Kreditgewerbes zurückzuführen. Hinter diesen Bemühungen steht die Absicht, den stets defizitären Zahlungsverkehrsbereich rationeller zu gestalten.[62] Dies soll nach dem Willen der Kreditwirtschaft zum einen durch eine Eindämmung der immer noch wachsenden Papierflut (Schecks etc.) und deren aufwendiger Bearbeitung geschehen. Zum anderen wird eine Reduzierung des Bargeldumlaufs erwartet.

Doch auch für die weiteren Beteiligten des POS-Systems, nämlich den Handel und die Karteninhaber, liegen die Vorteile der neuen Form des elektronischen Zahlungsverkehrs auf der Hand.[63]

Eine POS-Zahlung bietet dem Händler erhöhte Sicherheit. Die bisher notwendige Scheckkartenkontrolle entfällt; der Bargeldbestand des Händlers verringert sich. Im entsprechenden Maße reduziert sich so auch das Verlust- und Diebstahlsrisiko beim Kunden. Da eine Rückgabe von Wechselgeld nicht erforderlich wird, können hieraus keine Kassendifferenzen mehr resultieren. Händler und Kunde profitieren davon, daß eine POS-Zahlung in wenigen Sekunden abzuwickeln ist. Das Kassenpersonal kann einen Zahlvorgang schneller abschließen; der Kunde braucht nicht mehr so lange in der Schlange zu stehen. Eine POS-Zahlung ist im übrigen insofern rationeller, als die einzelnen Umsätze einfacher für den Händler zu bearbeiten sind.

Darüber hinaus eröffnet die automatentaugliche Karte dem Kunden die Möglichkeit, ohne die für Scheckzahlung geltende Betragsbegrenzung von 400,– DM pro Scheck verfügen zu können. Der Karteninhaber gewinnt dadurch an Unabhängigkeit; der Händler erhält auf der Gegenseite die Möglichkeit der Umsatzsteigerung.[64]

Obwohl das POS-System einige Vorteile für die Beteiligten bereithält, erfolgte die Verbreitung zunächst nur mit gemäßigter Geschwindigkeit. Teilbereichen des Handels- und Dienstleistungsgewerbes ist das System zu teuer. Zu nennen sind hier nur die Kosten für einen Kassen-Terminal, die je nach Ausstattung mit bis zu 10000,- DM anzusetzen sind. Neben den banküblichen

---

[62] Littmann, S. 184; Priewasser, Zahlungsverkehr, S. 47.

[63] Vgl. Otto, S. 22f.; BIK, Elektronisches Bezahlen, S. 10 - 13; Brepohl, S. 115f.

[64] Vgl. Otto, S. 23.

Kosten und den Postleitungskosten sind auch noch die Gebühren für die Autorisierung – pro Transaktion 0,07 DM plus 0,02 Prozent vom Umsatz – zu tragen.[65]

Ein Entgegenkommen der Kreditwirtschaft in der Kostenfrage könnte dem POS-System zu einer noch zügigeren Verbreitung verhelfen. Hinsichtlich des bundesweit konzeptionierten POS-Netzes zeigen sich die Banken jüngst kompromißbereit. So soll es in Zukunft neben der GZS auch privaten Netzwerkbetreibern ermöglicht werden, konkurrierend aufzutreten. Unternehmen, wie zum Beispiel die Mineralölgesellschaften, sollen dann ebenfalls Kartenzahlungen über das eigene Firmennetz abwickeln dürfen.[66] Das Kreditgewerbe wird jedoch auch bei dieser Weiterentwicklung des POS-Zahlungsverfahrens unverändert ihr Autorisierungssystem für die Zahlungen des Kunden am Terminal bereithalten .[67]

[65] Schneider, Handel, S. 86.
[66] Reckinger, S. 9; Schneider, Frankfurt, S. 95f.
[67] HB v. 25/26.8.1989 S. 6.

## § 5 Rechtsgrundlagen des POS-Systems des Kreditgewerbes – Das POS-Vertragswerk –

Das POS-System ist, wie viele andere Zahlungsverkehrsgeschäfte auch, im deutschen Recht nicht besonders kodifiziert. Der Gesetzgeber hat bisher in weiten Teilen darauf verzichtet, die Durchführung des beleglosen Zahlungsverkehrsverfahrens, sei es mittels Datenträger, sei es über Leitungen, gesetzlich zu regeln.[68] Das bedeutet aber nicht, daß sich das POS-System im „regelungsfreien Raum“ befindet. Das Kreditgewerbe hat für die hier vorzustellende neue Form des elektronischen Zahlungsverkehrs bereits verschiedene Vereinbarungen getroffen bzw. in Form von Musterverträgen vorbereitet. Auf diese Art und Weise will das Kreditgewerbe die einheitliche Gestaltung jetziger und zukünftiger Rechtsbeziehungen zu den Beteiligten gewährleistet wissen.

Grundlegend für das POS-System ist die zwischen den Spitzenverbänden der Kreditinstitute, der Deutschen Bundespost und der GZS geschlossene Vereinbarung über ein institutsübergreifendes System zur bargeldlosen Zahlung an automatisierten Kassen (POS-System).[69]

Das Vertragsverhältnis zwischen der GZS und dem einzelnen Händler als dem „POS-Kassenaufsteller“ wird auf der Grundlage des Vertrages über die Teilnahme am POS-System des deutschen Kreditgewerbes[70] gestaltet werden. Einbezogen in diese Vereinbarung werden die Richtlinien für POS-Kassen.[71]

Zwischen den kartenausgebenden Kreditinstituten und ihren Kunden – den Karteninhabern – werden die Bedingungen für den ec-Service[72] vereinbart. Diese Sonderbedingungen fassen die bisher getrennt bestehenden Bedingungen für die ec-Karte und die Bedingungen für die Benutzung von Geldausgabeautomaten in einem einheitlichen Vertragswerk zusammen. Da mit Hilfe der ec-Karte nun auch POS-Terminals bedient werden können, regeln diese Sonderbedingungen für den ec-Service auch die POS-Funktion der ec-Karte.[73]

---

68 Vgl. Reiser, Rechtliche Aspekte, S. 1401.

69 Nachfolgend „POS-Vereinbarung“ genannt; abgedruckt im Anhang der Arbeit.

70 Nachfolgend auch „Händlervertrag“ genannt; abgedruckt im Anhang der Arbeit.

71 Nachfolgend auch „POS-Richtlinien“ genannt; abgedruckt im Anhang der Arbeit.

72 Nachfolgend „ec-Bedingungen“ genannt; abgedruckt im Anhang der Arbeit.

73 ZIP 11/1988, S. 746.

Nachfolgend sollen nun die einzelnen Rechtsverhältnisse zwischen den jeweiligen Beteiligten ihre Darstellung und Untersuchung finden.

# § 6 Darstellung der einzelnen Rechtsbeziehungen

## A. Einführung: Die POS-Vereinbarung

Bei der POS-Vereinbarung handelt es sich um eine umfangreiche Rahmenvereinbarung der Spitzenverbände der den Zahlungsverkehr ausführenden Kreditinstitute, nämlich der Deutschen Volksbanken und Raiffeisenbanken, dem Bundesverband deutschen Banken, dem Deutschen Sparkassen- und Giroverband, sowie der Gesellschaft für Zahlungssysteme.

Der Vertrag regelt in

Ziff. 1: den Aufbau und Betrieb eines POS-Systems;

Ziff. 2: die Anerkennung dieser Vereinbarung durch angeschlossene Kreditinstitute;

Ziff. 3: die an POS-Kassen einsetzbaren Karten und die jeweiligen Autorisierungsstellen beim on-line Verfahren;
die Verpflichtung der angeschlossenen Kreditinstitute mit ihren Kunden Sonderbedingungen für den ec-Service oder entsprechende Bedingungen zu vereinbaren;

Ziff. 4: die Ausstattung der einsetzbaren Karten;

Ziff. 5: die Aufgabe der GZS als Betreiberin eines Systems von Netzknoten;

Ziff. 6: die Aquisition der Unternehmen durch die angeschlossenen Kreditinstitute;
die Förderung dieser Bemühungen durch die GZS;

Ziff. 7: die Verpflichtung der GZS zum Abschluß von Händlerverträgen;

Ziff. 8: die Stellung der Unternehmer als Betreiber der POS-Kassen; die Verantwortlichkeit für Installations- und Betriebskosten;
die Überprüfung der POS-Kassen und des Bedienerhandbuches sowie die Erteilung eines Zulassungszertifikats durch die GZS; die Sicherungs- und Legitimationsmaßnahmen nach Maßgabe der Vertragspartner;

Ziff. 9: die Übernahme eines Zahlungsversprechens durch das kartenausgebende Kreditinstitut gegenüber dem Unternehmen;
die Übermittlung dieses Versprechens durch die GZS;
den Entfall des Zahlungsversprechens;
das Inkasso der POS-Umsätze;

Ziff. 10: die Aufteilung der vereinnahmten Entgelte;

Ziff. 11: die Pflichten der Inkassoinstitute im Zusammenhang mit der Einreichung von Zahlungsverkehrsdateien;

Ziff. 12: die Bildung eines Arbeitsstabes mit der Kompetenz zu Beschlüssen, an welche die Institute gebunden sind;

Ziff. 13: die Gefahrtragung der beteiligten Institute und Verbände;

Ziff. 14: die Änderungsmodalitäten;
die Kündigungsfristen und -modalitäten;

Ziff. 15: das Datum des Inkrafttretens;
das Außerkrafttreten der bisher gültigen Rahmenvereinbarung.

Die POS-Vereinbarung steht im „Mittelpunkt" des gesamten Vertragswerkes. In ihr werden grundsätzliche organisatorische und technische Fragen geregelt. In den Ziffern 3, 4 und 7 der Vereinbarung wird auf vier Anlagen verwiesen, nämlich die ec-Bedingungen, den Händlervertrag sowie die Liste über die am POS-Terminal einsetzbaren Karten[74] und deren Ausstattung[75].

Eine Vielzahl von Leistungspflichten und Rechten sind in das Regelungswerk aufgenommen worden. Auffallend dabei ist, daß sich in der POS-Vereinbarung nicht nur Rechte und Pflichten der Vertragsparteien finden, sondern auch solche der Mitglieder der Spitzenverbände der Kreditinstitute.[76] Den Spitzeninstituten des Kreditgewerbes selbst kommen gegenüber den angeschlossenen Instituten im wesentlichen nur administrative Funktionen zu. Nachfolgend wird zum Zwecke der rechtlichen Einordnung ebenfalls zwischen dem Rechtsverhältnis der Vertragsparteien zueinander und dem Rechtsverhältnis der Vertragsparteien zu den angeschlossenen Kreditinstituten unterschieden.

## B. Das Rechtsverhältnis der Vertragsparteien untereinander

Die drei Spitzenverbände der Kreditinstitute, die Deutsche Bundespost sowie die GZS haben sich als Vertragspartner der POS-Vereinbarung zusammengeschlossen. Vertragsgegenstand ist der Aufbau und der Betrieb eines POS-Zahlungssystems (Vgl. Ziffer 1 der POS-Vereinbarung). Hierbei ist allerdings zu beachten, daß der Betrieb faktisch nicht durch sämtliche Vertragsparteien in eigener Person erfolgt. Anstelle der drei Spitzenverbände der Kreditinstitute handeln die ihnen angeschlossenen Institute als die eigentlichen Geschäftsbanken.

---

[74] Liegt noch nicht vor.

[75] Liegt noch nicht vor.

[76] Diese werden in Ziffer 1 der POS-Vereinbarung als angeschlossene Kreditinstitute bezeichnet.

Die Vertragspartner haben sich über den Aufbau und Betrieb des POS-Systems (Ziffer 1) hinaus verpflichtet

- sicherzustellen, daß angeschlossene Kreditinstitute, die ihren Kunden die Teilnahme am POS-System ermöglichen wollen, die POS-Vereinbarung nebst Anlagen anerkennen (Ziffer 2),
- sicherzustellen, daß die Kreditinstitute die für die Aquisition erforderlichen Voraussetzungen schaffen (Ziffer 6 Abs. 1 S. 2).
- einen Arbeitsstab zu bilden, der für alle Fragen zuständig ist, die im Zusammenhang mit dem POS-System und dieser Vereinbarung auftreten (Ziffer 12),
- Schäden, die im Interesse des POS-Systems abgedeckt werden müssen, auszugleichen (Ziffer 13 S. 2).

## I. Zusammenschluß als Verein im Sinne von § 54 BGB

Die Vertragsparteien haben sich mit Abschluß der POS-Vereinbarung nicht zu einem nichtrechtsfähigen Verein im Sinne von § 54 BGB zusammengeschlossen. Zwar trägt das Regelungswerk den auch für einen nichtrechtsfähigen Verein charakteristischen Dauerzweck[77] in sich. Dies ergibt sich aus dem in Ziffer 1 der Vereinbarung auf unbestimmte Zeit angelegten Zweck des Aufbaus und Betriebs eines POS-Systems. Weitere bezeichnende Merkmale, wie insbesondere die körperschaftliche Organisation, ein Gesamtname und die Einrichtung auf wechselnden Mitgliederbestand[78] fehlen aber ganz. Eine körperschaftliche Organisation ist nicht auszumachen; die Vertragsparteien haben ihrem Zusammenschluß auch keine Satzung gegeben. Der Zusammenschluß trägt auch keinen Gesamtnamen. Von einem wechselnden Mitgliederbestand kann nicht gesprochen werden, da den Vertragsparteien in Ziffer 14 Abs. 2 lediglich ein Recht zur Kündigung eingeräumt wird. Die Aufnahme weiterer neuer Vertragspartner ist aber nicht vorgesehen.

## II. Zusammenschluß als Gesellschaft bürgerlichen Rechts

Der Zusammenschluß ist auch nicht als Offene Handelsgesellschaft gemäß § 105 Abs. 1 HGB einzuordnen, da der Zweck der Gesellschaft nicht auf den Betrieb eines Handelsgewerbes unter gemeinschaftlicher Firma gerichtet ist. Als Handelsgewerbe kommt nämlich nur ein vollkaufmännisch betriebenes Unternehmen in Betracht.[79]

---

[77] Palandt-Heinrichs, § 54 Anm. 1).

[78] RGZ 143,213; Palandt-Thomas, § 705 Anm. 1)b).

[79] Baumbach / Duden / Hopt, § 105 Anm. 3)B.

Der Zusammenschluß der Vertragsparteien ist weder im Handelsregister eingetragen (§ 2 HGB) noch wird ein Grundhandelsgewerbe (§ 1 HGB) betrieben. Als Grundhandelsgewerbe wären allenfalls „Bankier- und Geldwechslergeschäfte" im Sinne von. § 1 Abs. 4 HGB in Betracht zu ziehen. Die Vertragsparteien haben sich jedoch nicht zusammengeschlossen, um Bankgeschäfte[80] gemäß § 1 KWG[81] zu betreiben. Das eigentliche Bankgeschäft in Form des tatsächlichen Betriebs des POS-Systems soll nicht durch sämtliche Vertragspartner in eigener Person vorgenommen werden.[82] Anstelle der drei Spitzenverbände der Kreditinstitute handeln die ihnen angeschlossenen Institute als die eigentlichen Geschäftsbanken. Die Vertragspartner selbst schaffen nur die Rahmenbedingungen für den faktischen Betrieb.

Näher liegt die rechtliche Qualifizierung des Zusammenschlusses der Vertragsparteien als Gesellschaft bürgerlichen Rechts gemäß § 705 BGB.

Einer derartigen Einordnung steht nicht etwa entgegen, daß die Vertragsparteien unterschiedliche Rechtsformen aufweisen. So firmiert beispielsweise der Bundesverband deutscher Banken als eingetragener Verein, die Deutsche Bundespost als Anstalt des öffentlichen Rechts und die GZS als Gesellschaft mit beschränkter Haftung. Grundsätzlich können sämtliche natürlichen und juristischen Personen Gesellschafter einer Gesellschaft bürgerlichen Rechts sein.[83] Wesentliche Elemente der BGB-Gesellschaft sind neben einer vertraglichen Dauerbeziehung der gemeinsame Zweck und die hierauf gerichtete, in erster Linie durch Beitragsleistung zu erfüllende Förderungspflicht.[84]

Der gemeinsame Zweck der Vertragsparteien besteht – wie oben bereits angedeutet – im Aufbau und Betrieb eines POS-Systems, das den Kunden der Kreditinstitute, welche die POS-Vereinbarung anerkannt haben, an automatisierten Kassen bargeldlose Zahlungen zu Lasten ihres Kontos ermöglicht (Ziffer 1). Zur Förderung dieses Vertragszwecks ist eine Beitragsleistung der Vertragspartner erforderlich. Dabei kann die Art und Weise der Beitragsleistung unterschiedlicher Natur sein.[85] Neben der Hingabe von Geld und Sachen ist auch das Zurverfügungstellen von Diensten und Werkleistungen möglich.[86] In diesem Rahmen bewegen sich die Leistungspflichten, die sich die Vertragsparteien in den Ziffern 1, 2, 6 Abs. 1 S. 2, 12 und 13 S. 2 auferlegt haben. Sie haben sich verpflichtet, jeweils mit ihrem eigenen Organisationsapparat die Rahmenbedingungen für ein funktionsfähiges einheitliches POS-System zu

---

80 Siehe zu Bankgeschäften: a.a.O., § 1 Anm. 8)D.

81 Siehe hierzu: a.a.O., BankGsch (7) I.2).

82 Vgl. oben § 6 B. (S. 30).

83 Vgl. für die GmbH RGZ 105,101; 163,191 und Staudinger-E.Keßler, Vor § 705 Rdnr. 46.

84 Müko-P.Ulmer, Vor § 705 Rdnr. 4,5.

85 Vgl. Ulmer, Gesellschaft, § 706 Rdnr. 2,2a.

86 Vgl. Ulmer, Gesellschaft, § 706 Rdnr. 9.

schaffen. Dazu ist auch eine Überwachung der Beachtung von getroffenen Vereinbarungen durch die angeschlossenen Kreditinstitute notwendig.

Zweifel bestehen jedoch, wie die Stellung der GZS in diesem Regelungswerk rechtlich einzuordnen ist. Auf der einen Seite hat die GZS gemeinsam mit den übrigen Vertragspartnern die Erbringung der oben genannten Leistungen übernommen. Es handelt sich also um Leistungspflichten, für deren Erfüllung alle einzustehen haben. Auf der anderen Seite hat sich die GZS in diesem Vertrag als einzige Partei zur Erbringung weiterer Leistungen verpflichtet.

Im einzelnen hat sie

- auf ihre Kosten ein System von Netzknoten mit ausreichender Kapazität zu betreiben (Ziffer 5),
- das POS-System zu fördern und entsprechende Marketingmaßnahmen zu unternehmen,
- angeschlossene Kreditinstitute bei ihren Aquisitionsbemühungen zu unterstützen (Ziffer 6 Abs. 2),
- Verträge über die Teilnahme am POS-System gemäß Anlage 4 abzuschließen (Ziffer 7),
- auf Anforderung des Herstellers die Bauart der POS-Kassen und das Bedienerhandbuch zu überprüfen (Ziffer 8 Abs. 2),
- Zahlungsversprechen im Namen und für Rechnung des kartenausgebenden Kreditinstituts dem Unternehmen zu übermitteln (Ziffer 9 Abs. 2).

Die Übernahme zusätzlicher Verpflichtungen durch einen Gesellschafter bedeutet grundsätzlich keinen Verstoß gegen den gesellschaftsrechtlichen Gleichbehandlungsgrundsatz. Wie sich aus § 706 Abs. 1 BGB entnehmen läßt, kann der Umfang der Beitragsleistung und damit die Übernahme von Leistungspflichten ohne weiteres durch Vereinbarung der Gesellschafter geregelt werden.

Fraglich ist hier aber, ob es sich bei der Übernahme zusätzlicher Leistungspflichten um eine Erweiterung des übrigen Pflichtenkataloges handelt oder ob die GZS den übrigen Vertragspartnern im Rahmen eines gesonderten Schuldverhältnisses (z. B. Auftrag, Dienst- oder Werkvertrag) wie ein Dritter gegenübersteht.[87] Ein solches Drittschuldverhältnis kann in den Gesellschaftsvertrag eingebettet sein. Ob es sich bei den zusätzlichen Leistungspflichten um solche des Gesellschaftsvertrages oder um Pflichten eines weiteren Schuldverhältnisses handelt, ist gemäß §§ 133, 157 BGB durch Auslegung zu ermitteln. Führt die Auslegung nicht zur Feststellung des Erklärungsgehaltes der Verein-

---

[87] Vgl. zur Abgrenzung von sonstigen Leistungen der Gesellschafter und zum sog. Drittgeschäft: Ulmer, Gesellschaft, § 706 Rdnr. 4.

barungen, so besteht für alle im Gesellschaftsvertrag enthaltenen Leistungspflichten eine Vermutung für ihren gesellschaftsrechtlichen Charakter.[88] Maßgebend ist somit, wie die übrigen Vertragsparteien die Verpflichtungserklärungen der GZS auffassen durften.[89] Wollte die GZS mit Eingehung ihrer Verpflichtungen erkennbar den gemeinschaftlichen Zweck (Ziff.1) fördern, dann handelt es sich um gesellschaftsvertragliche Verpflichtungen; anderenfalls liegt ein Austauschvertrag vor.[90]

Die GZS hat in den Ziffern 5, 6 Abs. 2, 7, 8 Abs. 2 und 9 Abs. 2 der POS-Vereinbarung Leistungspflichten übernommen, zu deren Erfüllung keine bestimmte Frist vereinbart worden ist. Aufgrunddessen kann jedoch keine rechtliche Einordnung vorgenommen werden, denn sowohl ein Austauschvertrag (Auftrag[91], Dienst[92]- oder Werkvertrag, als auch ein Gesellschaftsvertrag[93] kann mit unbefristeter Wirksamkeitsdauer vereinbart werden.

Die GZS hat aber durch die Verpflichtung zum Abschluß von Händlerverträgen (Ziffer 7), zur Installierung von Netzknoten (Ziffer 5) und der Weiterleitung von Zahlungsversprechen (Ziffer 9) Leistungspflichten übernommen, die für die Erreichung des Vertragszwecks[94] von zentraler Bedeutung sind. Würden nämlich mit den Händlern keine Verträge über die Teilnahme am POS-System geschlossen, so würde bereits die rechtliche Grundlage für die Durchführung dieser Form des automatisierten Zahlungsverkehrs fehlen. Gleiches gilt für die Einrichtung eines Netzknoten- und Autorisierungssystems und der Weiterleitung der Zahlungsversprechen. Kein Händler würde allein die ec-Karte ohne ein damit verbundenes Zahlungsversprechen als Zahlungsmittel akzeptieren. Die vorgenannten Verpflichtungen stehen damit in einem unmittelbaren Sinnzusammenhang mit der von allen Vertragspartnern gemeinsam übernommenen Verpflichtung, das POS-System aufzubauen und zu betreiben (Ziffer 1). Die in Ziffern 5, 6 Abs. 2, 7, 8 Abs. 2 und 9 Abs. 2 der durch die GZS übernommenen Verpflichtungen stellen sich insofern als eine Konkretisierung der Grundpflichten aus Ziffer 1 dar. Bereits aus diesem Grund sind die vorstehend bezeichneten, von der GZS übernommenen Verpflichtungen als gesellschaftsvertragliche Pflichten zu verstehen.

Darüber hinaus deutet die in Ziffer 5 getroffene Regelung, „Die GZS betreibt auf ihre Kosten ...", ebenfalls auf das Vorliegen gesellschaftsrechtlicher Verpflichtungen hin. Je geringer der Wert der Gegenleistung ist, desto eher wird es sich bei der Leistung des Gesellschafters um einen Beitrag im wei-

---

[88] Vgl. Müko-Ulmer, § 706 Rdnr. 4.

[89] Vgl. Palandt-Heinrichs, § 133 Anm. 4)c).

[90] Vgl. Palandt-Thomas, § 705 Anm. 10).

[91] Vgl. zur Beendigung des Auftrags Palandt-Thomas, § 671 Anm. 4).

[92] Arg e § 620 II BGB.

[93] Arg e § 723 I 1 BGB.

[94] Siehe oben § 6 B.II. (S. 31 ff.).

teren Sinne handeln, für den das Äquivalent – zumindest teilweise – in den eingeräumten Gesellschaftsrechten liegt.[95]

Berücksichtigt man schließlich noch, daß alle Leistungspflichten Eingang in ein einziges Vertragswerk gefunden haben, so sind sie als gesellschaftsrechtliche Verpflichtungen zu qualifizieren, die der Förderung des gemeinsam festgelegten Zwecks (Ziff. 1) dienen.

Insgesamt ist die POS-Vereinbarung also als Gesellschaftsvertrag gemäß § 705 BGB einzuordnen.

## C. Das Rechtsverhältnis zwischen der BGB-Gesellschaft und den angeschlossenen Instituten

Der eigentliche Aufbau und Betrieb des POS-Systems erfolgt nicht allein durch das Zusammenwirken der Spitzenverbände der Kreditinstitute sowie der GZS. Bei der Schaffung und dem Betrieb des POS-Systems sind vielmehr neben der Deutschen Bundespost und der GZS hauptsächlich die den Spitzenverbänden angeschlossenen Kreditinstitute beteiligt.[96]

Schon von ihrem Aufgabenbereich her kommen die Spitzenverbände nicht für die Abwicklung des reinen Bankgeschäfts wie z.B. für die Durchführung des automatisierten Zahlungsverkehrs in Betracht.

Um die rechtliche Grundlage für eine Beteiligung beim Aufbau und Betrieb des POS-Systems zu schaffen, regelt die POS-Vereinbarung neben technischen und organisatorischen Fragen umfassend die zivilrechtlichen Rechtsbeziehungen zwischen der BGB-Gesellschaft und den angeschlossenen Instituten.

Im einzelnen berechtigt die BGB-Gesellschaft alle angeschlossenen Institute,

- gemäß Ziffer 1 den Kunden der Kreditinstitute die bargeldlose Zahlung an automatisierten Kassen zu ermöglichen,
- gemäß Ziffer 3 Abs. 1 den Kunden ec-Karten sowie sonstige in Anlage 1 aufgeführte Karten auszugeben,
- gemäß Ziffer 6 Abs. 2 S. 2 Unterstützung bei den Aquisitionsbemühungen durch die GZS zu erhalten,
- gemäß Ziffer 13 S. 2 von gewissen Schäden freigestellt zu werden,

---

[95] Soergel-Hadding, § 706 Rdnr. 3.

[96] Vgl. die Ausführungen von Werner S. 60ff. zur „Vereinbarung für das institutsübergreifende Geldausgabeautomatensystem“.

- gemäß Ziffer 14 Abs. 1 S. 2 bei Änderung der Vereinbarung zu widersprechen,
- gemäß Ziffer 14 Abs. 2 S. 2 kündigen zu können.

Die BGB-Gesellschaft verpflichtet sich in der POS-Vereinbarung ihrerseits gegenüber den angeschlossenen Kreditinstituten

- gemäß Ziffer 1 ein POS-System aufzubauen und zu betreiben,
- gemäß Ziffer 12 einen besonderen Arbeitsstab zu bilden, der für alle Fragen zuständig ist, die im Zusammenhang mit dem POS-System und dieser Vereinbarung auftreten,
- gemäß Ziffer 13 S. 2 gewisse Schäden infolge mißbräuchlicher Verwendung von Karten untereinander aufzuteilen.

Darüber hinaus verpflichtet sich insbesondere die GZS,

- gemäß Ziffer 5 ein entsprechend ausgerüstetes Autorisierungssystem bereitzuhalten,
- gemäß Ziffer 6 Abs. 2 Marketingmaßnahmen und Aquisitionsbemühungen der Kreditinstitute zu fördern,
- gemäß Ziffer 7 die von aquirierenden Kreditinstituten überbrachte Verträge über eine Teilnahme am POS-System mit den Unternehmen abzuschließen,
- gemäß Ziffer 8 auf Anforderung des Herstellers die Bauart der POS-Kassen und das Bedienerhandbuch zu überprüfen,
- gemäß Ziffer 9 Abs. 2 Zahlungsversprechen der kartenausgebenden Kreditinstitute dem Unternehmen zu übermitteln,

Die in der POS-Vereinbarung niedergelegten Leistungspflichten können zunächst nur zu Lasten der BGB-Gesellschaft wirken. Einzelne Kreditinstitute werden damit noch nicht verpflichtet. Anderenfalls würde es sich um einen unzulässigen Vertrag zu Lasten Dritter handeln, welcher mit den Grundsätzen der Privatautonomie unvereinbar wäre.[97] Aus diesem Grund müssen sich die Kreditinstitute, die ihren Kunden die Teilnahme am POS-System ermöglichen wollen, jeweils der POS-Vereinbarung anschließen. Das geschieht regelmäßig durch „Anerkennen" der Vereinbarung nebst Anlagen. Mit Abgabe einer entsprechenden Willenserklärung gegenüber der BGB-Gesellschaft wird die POS-Vereinbarung für die jeweiligen Institute wirksam. Verpflichtungen der BGB-Gesellschaft wirken damit nicht mehr nur zu ihren Lasten, sondern auch gegenüber den „angeschlossenen Kreditinstituten". Gleichzeitig entstehen für diese auch verschiedene Leistungspflichten:

---

[97] Vgl. BGHZ 78,374ff.; Palandt-Heinrichs, Einf v § 328 Anm. 5)c).

Im einzelnen sollen die angeschlossenen Institute

- gemäß Ziffer 3 Abs. 1 bei der Autorisierung, soweit sie on-line zu erfolgen hat, jeweils auf die gleiche Autorisierungsstelle zugreifen,
- gemäß Ziffer 3 Abs. 2 mit ihren Kunden die jeweils geltenden Sonderbedingungen für den ec-Service vereinbaren,
- gemäß Ziffer 9 Abs. 4 S. 3 als kartenausgebende Kreditinstitute den Unternehmen gegenüber Zahlungsversprechen abgeben, soweit bestimmte Voraussetzungen erfüllt sind,
- gemäß Ziffer 11 als Inkassoinstitute die im Zusammenhang mit der Einreichung von Zahlungsverkehrsdateien verbundenen Prüfungen durchführen und Dokumentationen beachten,
- gemäß Ziffer 13 gewisse Schäden bei Kartenmißbrauch tragen.

Ein Recht zur Änderung der POS-Vereinbarung bleibt gemäß Ziffer 14 Abs. 1 S. 1 ausschließlich der BGB-Gesellschaft vorbehalten. Die Beteiligungsbefugnis der angeschlossenen Kreditinstitute erschöpft sich gemäß Ziffer 14 Abs. 1 S. 2 in einem Recht auf Widerspruch. Im übrigen stehen den angeschlossenen Kreditinstituten keinerlei Mitwirkungsrechte zu. Treten grundsätzliche Fragen im Zusammenhang mit dem POS-System auf, so ist zu deren Klärung ein von den Vertragspartnern zu bildender Arbeitsstab zuständig. Beschlüsse dieses Arbeitsstabes sind gemäß Ziffer 12 Abs. 2 durch die angeschlossenen Institute zu beachten.

Ein Kreditinstitut, welches die POS-Vereinbarung gemäß Ziffer 1 und 2 anerkennt, wird dadurch nicht zur Vertragspartei. Grundsätzlich wäre dies zwar im Wege der im BGB nicht geregelten Rechtsfigur des Vertragsbeitritts möglich.[98] Jedoch räumen die Vertragspartner der POS-Vereinbarung den sich anschließenden Kreditinstituten Rechte ein, die hinter ihren eigenen weit zurück bleiben. Besonders deutlich ergibt sich das aus Ziffer 14 Abs. 1. Danach steht lediglich den Vertragspartnern das Recht zu, die POS-Vereinbarung zu ändern. Die angeschlossenen Institute haben zwar ein Widerspruchsrecht, das aber keinen Anspruch auf Mitgestaltung beinhaltet. Im Gegenteil: Bei als wesentlich gekennzeichneten Änderungen führt ein Widerspruch eines angeschlossenen Instituts dazu, daß es mit Inkrafttreten dieser Änderung aus dem POS-System ausscheidet (Ziffer 14 Abs. 1 S. 3). Schließlich deutet auch die jeweilige Bezeichnung der Beteiligten auf ihre rechtliche Stellung hin. Während die Vertragspartner auch stets als solche bezeichnet werden, sind Kreditinstitute, welche die POS-Vereinbarung anerkennen, nur als angeschlossene Institute und nicht als Vertragspartner oder -parteien benannt.

---

[98] Zum Begriff des Vertragsbeitritts: Nörr / Scheyhing, § 23.

Mit dem „Anerkennen“ der POS-Vereinbarung kann vielmehr eine Beauftragung der BGB-Gesellschaft im Sinne von. § 662 BGB durch die sich anschließenden Kreditinstitute verbunden sein.

Aus allen Bestimmungen über die Aufgaben der BGB-Gesellschaft einschließlich ihres Arbeitsstabes ergibt sich als Pflicht gegenüber den angeschlossenen Instituten, die Grundlagen für den Aufbau und den Betrieb eines POS-Systems zu schaffen sowie die technische und organisatorische Durchführung zu unterstützen. Damit verpflichtet sich die BGB-Gesellschaft, den Bereich des automatisierten, kartengesteuerten Zahlungsverkehrs mit weiterzuentwickeln. Das liegt im besonderen Interesse der angeschlossenen Kreditinstitute.

Diese Tätigkeiten, welche die BGB-Gesellschaft übernommen hat, sind zudem, wie es scheint, unentgeltlich. Eine derartige Vereinbarung, die eine unentgeltliche Geschäftsbesorgung im fremden Interesse zum Gegenstand hat, entspräche gerade dem Leitbild eines Auftrages im Sinne von § 662 BGB[99]. Somit könnten die angeschlossenen Institute als Auftraggeber und die BGB-Gesellschaft als Beauftragte anzusehen sein. Bedenken ergeben sich allerdings, wenn man berücksichtigt, daß die angeschlossenen Institute ihrerseits Leistungspflichten in einem Maße übernehmen, das über den im Gesetz genannten Umfang (Pflichten zur Vorschußleistung gemäß § 669 BGB und zum Aufwendungsersatz gemäß § 670 BGB) deutlich hinausreicht. Die in Ziffern 3, 9 Abs. 4 S. 3, 11 und 13 der POS-Vereinbarung geregelten Leistungen der angeschlossenen Institute sind aber nicht Gegenleistungen, um derentwillen die BGB-Gesellschaft die ihren erbringt, d.h. in ihnen wird von der BGB-Gesellschaft nicht der Gegenwert für ihre Leistungen gesucht.[100] Sie stellen vielmehr Nebenpflichten dar, die sämtlich von den angeschlossenen Instituten erfüllt werden müssen, damit die BGB-Gesellschaft die ihr übertragenen Geschäfte, nämlich den Aufbau und Betrieb eines funktionsfähigen POS-Systems, besorgen kann.[101]

Das Rechtsverhältnis zwischen der BGB-Gesellschaft und den angeschlossenen Instituten ist mithin nur unvollkommen zweiseitig, wie es einem Auftragsvertrag entspricht. Da die angeschlossenen Kreditinstitute ihrerseits gegenüber der BGB-Gesellschaft eine Vielzahl von Pflichten übernehmen, käme eine rechtliche Qualifizierung als atypischer Auftragsvertrag in Betracht.

Bedenken könnten sich jedoch möglicherweise daraus ergeben, daß bei einer derartigen Einordnung die angeschlossenen Kreditinstitute befugt

---

99 Vgl. Staudinger-R.Wittmann, Vorbem zu §§ 662 - 676 Rdnr. 1.

100 Vgl. Müko-Seiler, § 662 Rdnr. 47f.; Soergel-Mühl, Vor § 662 Rdnr. 1; Erman-R.Battes, Vor § 320 Rdnr. 3; Palandt-Thomas, § 662 Anm. 5)b).

101 Vgl. Müko-Seiler, § 662 Rdnr. 48 (Mögliche vertragliche Nebenpflicht des Auftraggebers: Mitwirkung des Auftraggebers, die zur Durchführung des Auftrages notwendig ist).

wären, der BGB-Gesellschaft, und damit ihren Spitzenverbänden, Weisungen zu erteilen (§ 665 BGB).

Auszugehen ist aber zunächst von der Tatsache, daß die Spitzenverbände ohnehin ausschließlich den Interessen ihrer „Mitglieder", den angeschlossenen Kreditinstituten, verpflichtet sind. Darüber hinaus können die angeschlossenen Institute der BGB-Gesellschaft im Rahmen eines Auftragsverhältnisses nur in engen Grenzen Weisungen erteilen. Der Auftragsgegenstand sowie die Durchführung des Vertrages ist nämlich bereits durch eine Vielzahl detaillierter Regelungen, wie in der POS-Vereinbarung geschehen, festgelegt. Es bleibt daher für Weisungen des Auftraggebers nur noch wenig Raum. Schließlich erfährt das Recht der angeschlossenen Institute zur Erteilung von Weisungen dadurch eine weitere Einschränkung, daß sie die BGB-Gesellschaft kraft deren besonderer Fachkunde auf dem Gebiet der kartengesteuerten Zahlungssysteme[102] für den Aufbau und Betrieb des POS-Systems ausgewählt haben. Einem fachkundigen Beauftragten muß im Vergleich zu einem nicht vorgebildeten Beauftragten ein größerer Freiraum belassen werden, damit er interessengerecht handeln kann.[103] Demnach ist die Weisungsbefugnis der angeschlossenen Institute derart begrenzt, daß sie einer Qualifizierung des Rechtsverhältnisses zwischen der BGB-Gesellschaft und den angeschlossenen Instituten als atypisches Auftragsverhältnis nicht entgegensteht.

Da der Aufbau, insbesondere aber der Betrieb des POS-Systems von der BGB-Gesellschaft nicht befristet worden ist, handelt es sich um ein Dauerschuldverhältnis.

Mit der Beauftragung der BGB-Gesellschaft durch die sich anschließenden Kreditinstitute ist gleichzeitig eine Bevollmächtigung der BGB-Gesellschaft verbunden. Die Vollmacht bezieht sich auf Willenserklärungen, welche die Vertragspartner mit Wirkung für und gegen bereits angeschlossene Kreditinstitute gegenüber neu aufzunehmenden oder ausscheidenden Instituten abzugeben haben. Diese Vollmacht ist in der POS-Vereinbarung zwar nicht ausdrücklich als solche benannt; sie ergibt sich aber aus den Umständen:

Die Erklärung eines Institutes, daß es sich der POS-Vereinbarung anschließen will, ist allein gegenüber der BGB-Gesellschaft abzugeben und allein von dieser anzunehmen. Gleichwohl soll diese Erklärung gemäß Ziffern 2, 3, 9 Abs. 4 und 14 Abs. 2 auch gegenseitige Leistungsansprüche zwischen dem einen Institut und den anderen angeschlossenen Instituten begründen oder beenden. Das kann nicht anders als so verstanden werden, daß die BGB-Gesellschaft insofern Vertreterin im Sinne von § 164 BGB der bereits angeschlossenen Institute sein soll.[104]

---

[102] Das Geldausgabeautomatensystem wurde erfolgreich aufgebaut und wird zuverlässig betrieben.

[103] Vgl. Müko-Seiler, § 665 Rdnr. 12; Erman-F.Hauß, § 665 Rdnr. 1 aE.

[104] Vgl. Müko-Thiele, Vor § 164 Rdnr. 1f.; Soergel-Leptien, Vor § 164 Rdnrn. 18ff.

Der Umstand, daß die BGB-Gesellschaft zugleich auch im eigenen Namen handelt, steht dem Verständnis, daß sie Vertreterin ist, nicht entgegen.[105] Die Vertretungsmacht bezweckt augenscheinlich die Erleichterung des „Anschlusses“ oder des Austritts eines Instituts. Ohne eine entsprechende Bevollmächtigung der BGB-Gesellschaft zur Abgabe und zum Empfang von Willenserklärungen mit Wirkung für und gegen bereits angeschlossene Kreditinstitute müßte jedes „anschlußwillige“ Institut – abgesehen vom Rechtsverhältnis zur BGB-Gesellschaft – mit jedem der angeschlossenen Institute ein Rechtsverhältnis begründen. Entsprechendes würde gelten, wenn ein angeschlossenes Kreditinstitut beabsichtigt, die vertragliche Beziehung zur BGB-Gesellschaft zu beenden. In einem solchen Fall wäre nicht nur die Kündigung gegenüber der BGB-Gesellschaft auszusprechen, sondern auch gegenüber jedem einzelnen der angeschlossenen Institute.

Zusammenfassend ist somit festzuhalten, daß zwischen der BGB-Gesellschaft und den sich anschließenden Kreditinstituten ein Auftragsverhältnis zustande kommt. Das Auftragsverhältnis ist verbunden mit einer Bevollmächtigung der BGB-Gesellschaft, Willenserklärungen gegenüber neu aufzunehmenden oder ausscheidenden Instituten abzugeben.

## D. Das Rechtsverhältnis zwischen dem Händler und der GZS

Ein Händler, der POS einsetzen will, muß zunächst einen Vertrag über die Teilnahme am POS-System („Händlervertrag“) mit der GZS schließen.[106] Mustervertragsformulare halten die Kreditinstitute bereit. Wünscht ein Händler den Abschluß eines Vertrages, so läßt er sich von seiner Bank ein Vertragsformular geben. Sein Angebot, gerichtet auf Abschluß eines „Händlervertrages“, nimmt die Bank entgegen und leitet es an die GZS weiter. Durch Annahme seitens der GZS kann schließlich der „Händlervertrag“ zustande kommen.

Das Kreditinstitut wird bei diesem Vorgang nicht als Stellvertreterin tätig, denn es gibt keine eigene Willenserklärung ab.[107] Durch die Weiterleitung des Vertragsangebots an die GZS fungiert die Bank lediglich als Botin.

---

105 Vgl. Müko-Thiele, § 164 Rdnr. 125; Soergel-Leptien, § 164 Rdnr. 12; Staudinger-Dilcher, § 164 Rdnr. 2.

106 Vgl. Ziffer 7 der POS-Vereinbarung. Händler, die neben den bankemittierten Karten, wie ec-Karte, S-Card, Bankcard Kreditkarten zum Einsatz bringen wollen, schließen entsprechende Verträge mit den jeweiligen Kreditkartengesellschaften.

107 Vgl. zur Abgrenzung Bote-Stellvertreter: Palandt-Heinrichs, Einf v § 164 Anm. 3)f).

## I. Vertragspflichten der GZS

Im Muster-„Händlervertrag“, welcher in Ziffer 4 die „POS-Richtlinien“ miteinbezieht, verpflichtet sich die GZS im Auftrage des Kreditgewerbes, dem Händler die Teilnahme am POS-System zu ermöglichen.[108]

Ein wesentlicher Teil der Verpflichtung besteht darin, die Autorisierungsverbindungen über ihre Netzknoten herzustellen[109] und eventuelle Zahlungsversprechen der kartenausgebenden Institute zu übermitteln.[110] Zwar ist die Pflicht zur Herstellung einer Autorisierungsverbindung nicht ausdrücklich geregelt, doch ergibt sich eine solche Verpflichtung schlüssig aus den Ziffern 3 und 10 des Händlervertrages und Ziffer 3 der POS-Richtlinien. In Ziffer 3 des Händlervertrages ist von den „von der GZS bestimmten Netzknoten“ die Rede. Die Ziffer 10 des Händlervertrages behandelt die Übermittlung des Zahlungsversprechens. Der Übermittlungsvorgang setzt aber die (vorausgegangene) Herstellung der Autorisierungsverbindung voraus. Schließlich lautet Ziffer 3 der POS-Richtlinien: „Jede POS-Kasse ist mit einem von der GZS betriebenen Netzknoten verbunden“. Die Art der Leitungsverbindung vereinbart das Unternehmen mit der GZS. Der Netzknoten dient als Vermittlungsstelle für den elektronischen Nachrichtenverkehr zwischen dem kartenausgebenden Kreditinstitut bzw. dem von diesem beauftragten Rechenzentrum und der POS-Kasse, wenn eine Zahlung von diesem genehmigt (autorisiert) werden muß.[111]

## II. Vertragspflichten des Händlers

Im Gegenzug dazu verpflichtet sich der Händler gegenüber der GZS, den Inhabern von zugelassenen Karten[112] die bargeldlose Bezahlung von Waren und Dienstleistungen an POS-Kassen zu ermöglichen.[113] Auf die POS-Kassen hat der Händler mit dem vom deutschen Kreditgewerbe zur Verfügung gestellten Logo deutlich hinzuweisen[114], wobei im Zusammenhang mit der POS-Kasse ein Institut oder eine Institutsgruppe werblich nicht herausgestellt werden darf.[115] Der Händler darf nur zugelassene POS-Kassen einsetzen.[116]

---

108 Ziffer 1 Abs. 1 S. 1 des Händlervertrages.

109 Unter der „Herstellung einer Autorisierungsverbindung“ ist dabei die Weiterleitung der Autorisierungsanfrage des Händlers zum Computer bzw. zur Rechzentrale der kartenausgebenden Bank zu verstehen. Siehe auch oben § 3 A. (S. 19).

110 Die Übermittlung des Zahlungsversprechens ist in Ziffer 10 Abs. 1 des Händlervertrages geregelt.

111 Vgl. auch Reiser, electronic cash, S. 9.

112 Siehe Ziffer 8 des Händlervertrages.

113 Ziffer 1 Abs. 2 des Händlervertrages.

114 Ziffer 6 des Händlervertrages.

115 Ziffer 7 des Händlervertrages.

116 Ziffer 2 des Händlervertrages.

Die Zulassung erfolgt durch die GZS, ebenso wie die Genehmigung des dazugehörigen Bedienerhandbuchs. Auf diese Art und Weise kann letztlich das Kreditgewerbe durch die GZS Einfluß auf die Konstruktion und Ausstattung der POS-Kassen nehmen. Die GZS kann ebenso den von ihr vorzugebenden Sicherheitsstandard des Systems im Interesse aller Beteiligten gewährleisten. Diese Spezifikationen sind vom deutschen Kreditgewerbe auf der Grundlage internationaler Normen[117] festgelegt worden, um sicherzustellen, daß auch andere den internationalen Normen entsprechende Karten an den POS-Terminals zum Einsatz kommen können.[118]

Die technische Ausstattung der ec-Kasse, die Herstellung einer Autorisierungsverbindung und das Zahlungsverkehrsverfahren bis zur Gutschrift des Verfügungsbetrages auf dem Händlerkonto wird im einzelnen in den POS-Richtlinien beschrieben, auf die Ziffer 4 des Händlervertrages ausdrücklich verweist.

Die Kosten der Anschaffung, der Installation und des Betriebs der POS-Kassen sowie die Verbindungsgebühren bis zum Eingang in den von der GZS bestimmten Netzknoten und sonstige näher bezeichnete Gebühren sollen dem Händler zur Last fallen.[119] Für die Bereitstellung und das Betreiben des POS-Systems hat der Händler an die GZS ein Entgelt in Höhe von 0,07 DM pro POS-Umsatz sowie 0,2% des POS-Umsatzes zu zahlen.[120]

Jeder einzelne Zahlungsvorgang am Kassenterminal soll für alle Beteiligten des POS-Zahlungsverfahrens nachvollziehbar bleiben. Aus diesem Grunde ist der Händler verpflichtet, jedem Kunden, der an der POS-Kasse mit seiner Karte bezahlt hat, einen Quittungsbeleg auszudrucken.[121] Dieser Beleg, welcher neben Kaufsumme und Datum auch Daten der eingesetzten Karte enthält, soll dem Karteninhaber ermöglichen, Belastungen seines Kontos aufgrund von POS-Verfügungen nachhalten und kontrollieren zu können.

Darüber hinaus werden im Kassenterminal auf einem sogenannten Händlerjournal sämtliche POS-Umsätze eines Händlers protokolliert. Festgehalten werden das Autorisierungsmerkmal[122], Beträge, (etwaige Fehl-) Funktionen der Kasse, Datum und Uhrzeit. Mit Hilfe dieses Journals ist dem Händler im Streitfalle der Nachweis möglich, daß ihm aus der POS-Verfügung ein ent-

---

117 Die Spuren 2 oder 3 des Magnetstreifens der Karte müssen entsprechend der internationalen Norm (sog. ISO-Norm) belegt sein. Siehe GZS, POS-Hybridsystem, S. 9. Die Norm gilt in 40 Ländern Europas und der Mittelmeerregion: Vgl. Dorner, Weltneuheit, S. 145.

118 Siehe Reiser, electronic cash, S. 7.

119 Vgl. Ziffer 3 des Händlervertrages.

120 Ziffer 12 des Händlervertrages.

121 Ziffer 8 S. 1 der POS-Richtlinien.

122 Dabei handelt es sich um eine spezielle Nummer, welche das autorisierende Kreditinstitut ihrer elektronischen Autorisierungsantwort beifügt.

sprechender Zahlungsanspruch zusteht. Das Kreditinstitut, welches den POS-Verfügungsbetrag dem Zahlung verlangenden Händler gutschreibt, kann sich ebenfalls gegenüber seinem Kunden rechtfertigen. Bestreitet dieser, die Verfügung vorgenommen zu haben, so kann die Bank die Händlerdokumentation zum Nachweis ihres Rechtes zur Kontobelastung vorlegen.[123]

Nach Ziffer 11 Abs. 2 des Händlervertrages ist der Händler verpflichtet, das Journal der POS-Kasse ungeachtet der gesetzlichen Aufbewahrungsfristen zwei Jahre aufzubewahren. Dem Kreditinstitut, das auf Zahlung in Anspruch genommen wird, ist die Dokumentation auf Verlangen im Original zur Verfügung zu stellen.

## III. Rechtsnatur des Händlervertrages

Folgende Hauptleistungspflichten der Vertragsparteien stehen sich gegenüber:

Leistungsverpflichtung der GZS ist es, dem Unternehmer bzw. Dienstleister die Teilnahme am POS-System des deutschen Kreditgewerbes und damit auch die Aufstellung und den Einsatz der elektronischen POS-Kassen zu ermöglichen. Soweit die GZS darüber hinaus ein Zahlungsversprechen in Höhe des autorisierten Betrages zu übermitteln hat, besteht zwar eine eigene Verpflichtung der GZS gegenüber dem jeweiligen Kreditinstitut, nicht aber gegenüber dem Händler. Die GZS wird in dieser Funktion lediglich als „Vermittlerin“[124] tätig.

Als „direktes Gegenüber“ zur Leistungspflicht der GZS ist die Verpflichtung des Händlers zu sehen, für die Bereitstellung und das Betreiben des POS-Systems ein Entgelt in Höhe von 0,07 DM pro Umsatz sowie 0,2% des POS-Umsatzes jeweils zuzüglich Umsatzsteuer zu zahlen.[125] Die Verpflichtungen des Händlers – die Dokumentation (Journal) der POS-Kasse aufzubewahren und auf Verlangen dem Kreditinstitut, dem es die Zahlungsverkehrsdatei übermittelt hat, im Original zur Verfügung zu stellen[126] sowie die Verpflichtung, auf die POS-Kassen mit dem vom Kreditgewerbe zur Verfügung gestellten Logo deutlich hinzuweisen[127] – ergänzen die Hauptleistungspflichten und sind daher als Nebenleistungspflichten anzusehen.[128]

---

[123] Zum Problem der Darlegungs- und Beweislast siehe § 6 H.II.5.b)aa)(3) (S. 113ff.).

[124] Zur Frage der rechtlichen Qualifizierung der „Vermittlerin“ siehe unten § 6 E.IV.1.a)bb) (S. 53f.).

[125] Siehe Ziffer 12 Abs. 1 des Händlervertrages.

[126] Ziffer 11 Abs. 2 des Händlervertrages.

[127] Ziffer 6 des Händlervertrages.

[128] Vgl. Müko-Kramer, § 241 Rdnr. 15.

In Anbetracht der sich gegenüberstehenden Hauptleistungsverpflichtungen der Parteien stellt sich der Händlervertrag als ein Austauschverhältnis im Sinne von § 320 BGB dar.[129]

Indem es die GZS übernimmt, dem Händler die Teilnahme am POS-System zu ermöglichen, Autorisierungsverbindungen herzustellen und eventuelle Zahlungsversprechen zu übermitteln, verpflichtet sie sich, einen Erfolg zu erbringen. Die Aufgabe der GZS soll sich nicht nur in einem Bemühen bzw. einer reinen Tätigkeit erschöpfen. Für den Händler ist vielmehr entscheidend, daß er tatsächlich am POS-System teilnehmen kann und auf seine Anfrage hin Leitungsverbindungen auch tatsächlich hergestellt und Zahlungsversprechen den kartenemittierenden Kreditinstituten auch übermittelt werden.

Infolge dieser Erfolgsbezogenheit der von der GZS zu erbringenden Tätigkeit sind diese Verpflichtungen als werkvertragliche Pflichten im Sinne von § 631 Abs. 2 BGB zu qualifizieren.[130]

Die für den Begriff des Werkvertrages wesentliche Vergütung (vgl. § 631 Abs. 1 BGB) ist in dem vom Händler zu zahlenden Entgelt zu erblicken.

Auf diesen Vertrag finden über § 675 BGB einzelne Auftragsvorschriften – z. B. §§ 665, 670 BGB – Anwendung, wenn es sich um einen Werkvertrag handelt, der eine Geschäftsbesorgung zum Gegenstand hat. Nach h. M. liegt eine Geschäftsbesorgung im Sinne von § 675 BGB dann vor, wenn der Geschäftsbesorger mit einer gewissen Selbständigkeit im wirtschaftlichen Bereich des Geschäftsherrn tätig wird. Dabei muß es sich um eine selbständige Wahrnehmung fremder Vermögensinteressen handeln.[131]

Die GZS ist ein rechtlich und organisatorisch eigenständiges Unternehmen. Aus dieser Position heraus wird sie im Bereich des POS-Kassenbetreibers und in dessen ausschließlichen Interesse tätig, indem sie die Teilnahme am POS-System ermöglicht, Autorisierungsverbindungen herstellt und Zahlungsversprechen übermittelt.[132] Die Entgeltlichkeit der Geschäftsbesorgung (§ 675 BGB) ergibt sich – wie bereits oben erwähnt – in der in Ziffer 12 des Händlervertrages geregelten Kostenpflichtigkeit.

Damit handelt es sich beim Muster-Händlervertrag um einen Werkvertrag, der eine Geschäftsbesorgung zum Gegenstand hat.

Zwischen Händler und GZS wird im übrigen mit Abschluß des Vertrages ein Dauerschuldverhältnis begründet. Dem oben geschilderten Vertragsinhalt ist zu entnehmen, daß die geschuldete Leistung in einem dauernden Verhalten

---

129 Zum Gegenseitigkeitsverhältnis: Siehe Soergel-Wiedemann, Vor § 320 Rdnr. 11 ff.; Müko-Emmerich, Vor § 320 Rdnr. 2 ff.

130 Vgl. zur Abgrenzung Dienstvertrag – Werkvertrag: Erman-H.H.Seiler, Vor § 631 Rdnr. 2 ff.; Soergel-Mühl, Vor § 631 Rdnr. 4.

131 BGHZ 45,223 (228); Staudinger-Wittmann, § 675 Rdnr. 3.

132 Vgl. zur Autorisierung: Reiser, electronic cash, S. 9.

bzw. in wiederkehrenden sich über einen längeren Zeitraum erstreckenden Einzelleistungen besteht.[133] Gemäß Ziffer 13 des Händlervertrages können sich die Vertragsparteien mit einer Frist von drei Monaten zum Monatsende durch Kündigung aus dem zwischen ihnen bestehenden Dauerschuldverhältnis lösen.

## E. Das Rechtsverhältnis zwischen dem Händler und dem kartenausgebenden Kreditinstitut – Das Zahlungsversprechen –

Seitdem die Kreditinstitute ihren Kunden auf Wunsch Scheckkarten ausstellen, in denen sie den Schecknehmern die Zahlung eines auf ihren ec-Scheckvordrucken ausgestellten Schecks „garantieren", ist das Mißtrauen gegenüber dem Scheck spürbar zurückgegangen.[134] Die Unsicherheit des Nehmers, die aus dem fehlenden Einlösungsanspruch des Schecknehmers gegenüber der bezogenen Bank resultierte, war damit beseitigt.[135] Die Hingabe eines Scheckkarten-Schecks kommt damit einer Zahlung mit Bargeld gleich.[136]

Will nun der Karteninhaber eine Ware oder Dienstleistung ausschließlich mit seiner Scheckkarte an einer POS-Kasse bezahlen (ohne dabei einen Scheck auszufüllen), so stellt sich auch bei dieser Form der Zahlung für den Händler die Frage, ob er nach Akzeptierung der Karte den von seinem Kunden geschuldeten Geldbetrag auch tatsächlich erhält. Damit dürfte das „Zahlungsversprechen"[137] der Bank bei der POS-Zahlung von zentraler Bedeutung sein.

Verschiedene Bestimmungen des POS-Vertragswerks treffen eine Aussage zum „Zahlungsversprechen" des kartenausgebenden Kreditinstituts. Zu nennen sind hier Ziffer 9 der POS-Vereinbarung, die Garantieerklärung auf der Scheckkartenrückseite, Ziffer 7 Abs. 3 der ec-Bedingungen und Ziffer 10 des Händlervertrages. Alle vorgenannten Regelungstatbestände lassen jedoch keine einheitliche Antwort auf die Frage nach dem Zustandekommen und der Rechtsnatur einer Zahlungszusage zu.

Im folgenden soll zunächst die Rechtsgrundlage für das Zahlungsversprechen im POS-System ermittelt werden. Dabei ist insbesondere auf den mit der pos-tauglichen Scheckkarte verfolgten Zweck abzustellen, aber auch die ein-

---

133 S. zum Begriff des Dauerschuldverhältnisses Larenz, SchRAT, § 2 VI; Palandt-Heinrichs, Einl v § 241 Anm. 5).

134 Baumbach / Hefermehl, Anh Art. 4 SchG Rdnr. 1.

135 Canaris, Bankvertragsrecht 1988, Rdnr. 829.

136 Baumbach / Hefermehl, Anh Art. 4 SchG Rdnr. 1.

137 Dieser Begriff wird im folgenden entsprechend der Bezeichnung im POS-Vertragswerk verwandt, ohne damit bereits eine rechtliche Einordnung vornehmen zu wollen.

zelnen Interessen der am POS-Verfahren Beteiligten zu werten und zu berücksichtigen.[138]

## I. Ziffer 9 der POS-Vereinbarung

Ziffer 9 Abs. 1 und 2 der POS-Vereinbarung lautet wie folgt:

„Das kartenausgebende Kreditinstitut übernimmt gegenüber dem Unternehmen, das die POS-Kasse aufstellt, ein Zahlungsversprechen in Höhe des an der Kasse autorisierten Betrages, sofern die POS-Kasse gemäß Nr. 8 Abs. 2 zugelassen und gemäß den „Richtlinien für POS-Kassen" betrieben sowie der Umsatz dem Inkassoinstitut innerhalb von acht Tagen eingereicht wird.

Die GZS übermittelt im Namen und für Rechnung des kartenausgebenden Kreditinstituts dem Unternehmen dieses Zahlungsversprechen."

Ob sich aus der vorstehenden Vereinbarung eine „Zahlungszusage" zugunsten des Händlers herleiten läßt, erscheint fraglich. Der POS-Vereinbarung läßt sich nicht entnehmen, ob die Vertragsparteien den am POS-Verfahren teilnehmenden Händlern bereits mit Abschluß dieser Vereinbarung eine Rechtsposition einräumen wollten. Das läßt sich zum einen aus dem Wortlaut der Ziffer 9 Abs. 2 herleiten. Danach soll die Übermittlung des Zahlungsversprechens durch die GZS erfolgen. Das „Zahlungsversprechen" soll den Händler also erst unter Einschaltung der GZS erreichen. Zum anderen ergibt sich aus dem Sinn und Zweck der POS-Vereinbarung, daß dort lediglich Rahmenbedingungen sowie Rechte und Pflichten der Vertragsparteien hinsichtlich der Schaffung und Durchführung des POS-Verfahrens niedergelegt werden sollten. Es muß wohl eher davon ausgegangen werden, daß eine Zahlungszusage zugunsten des Händlers erst im Zusammenhang mit einem einzelnen, konkreten POS-Umsatz formuliert werden soll. Es scheint nicht dem Willen der Vertragsparteien zu entsprechen, daß dem Händler gegenüber eine Zahlungszusage erteilt wird, bevor dieser sich nicht seinerseits anschickt, dem jeweiligen Karteninhaber eine (Dienst-) Leistung zu erbringen.

Letztlich entscheidend ist aber, daß die kartenausgebenden Kreditinstitute, welche den Händlern gegenüber die Zahlungszusage erteilen sollen, als potentielle Schuldner nicht Vertragsparteien der POS-Vereinbarung sind. Eine Verpflichtung der kartenausgebenden Banken, ohne deren Mitwirkung, wäre eine unzulässige Vereinbarung zu Lasten eines Dritten.[139]

Ziffer 9 Abs. 1 und 2 der POS-Vereinbarung enthält somit keine Verpflichtung.

---

138 Vgl. zum Scheckkartenverfahren in seiner tradtionellen Ausprägung: Lang / Trück / Turnit, Rdnr. 169 (S. 104).

139 Vgl. BGHZ 78, 374f. und vgl. Soergel-Hadding, § 328 Rdnr. 118; Staudinger-H.Kaduk, Vorbem zu § 328 Rdnrn. 51,64; Müko-Gottwald, § 328 Rdnr. 97.

## II. Garantieerklärung auf der Scheckkartenrückseite

Auch die auf der Rückseite der Scheckkarte befindliche Garantieerklärung kann zur Begründung der Zahlungszusage der Bank zugunsten des Händlers nicht herangezogen werden.[140] Dort heißt es[141]:

„Garantie: Für in Europa und in den an das Mittelmeer grenzenden Staaten ausgestellte Schecks bis 400 DM oder bis zu dem in dem jeweiligen Land geltenden ec-Garantiehöchstbetrag."

Bereits der Wortlaut der Erklärung läßt vermuten, daß dieser sich nur auf den Fall des Scheckkarteneinsatzes unter gleichzeitiger Ausstellung von Schecks bezieht. Die Annahme, diese Erklärung könnte auch den reinen Einsatz von Scheckkarten im Rahmen des POS-Verfahrens miterfassen, verbietet sich, wenn man die mit jedem Karteninhaber vereinbarten ec-Bedingungen heranzieht. In Ziffer 6 der ec-Bedingungen wird die „Garantie für den eurocheque" geregelt. Die oben wiedergegebene „Scheckkartenerklärung" findet sich hier in inhaltsgleicher Form wieder. In Ziffer 7 der ec-Bedingungen folgen dann spezielle Regelungen zur „Verfügung an ec-Geldautomaten und POS-Kassen" und insbesondere zur „Zahlungsverpflichtung des Kreditinstituts". Daraus ergibt sich, daß das Kreditgewerbe durchaus spezielle Regeln für das POS-Verfahren entworfen hat. Eine Auslegung der Scheckkartenerklärung über ihren Wortlaut hinaus ist daher nicht möglich; der Scheckkarteneinsatz im Rahmen des POS-Verfahrens wird von ihr nicht miterfaßt.

## III. Ziffer 7 Abs. 3 der ec-Bedingungen

Eine weitere Regelung des POS-Vertragswerks bietet ebenfalls Anlaß zur Prüfung, ob sie eine Rechtsposition des Händlers in Form eines Zahlungsversprechens beinhaltet.

Die Regelung Ziffer 7 Abs. 3 der ec-Bedingungen hat im wesentlichen folgenden Wortlaut:

„Zahlungsverpflichtung des Kreditinstituts
Das kartenausgebende Kreditinstitut ist gegenüber den Betreibern von POS-Kassen verpflichtet, die Beträge, über die unter Verwendung der dem Karteninhaber ausgegebenen ec-Karte verfügt worden ist, an die Betreiber zu vergüten; die Zahlungspflicht beschränkt sich bei POS-Kassen auf autorisierte Verfügungen."

Bei dieser zwischen dem kartenausgebenden Kreditinstitut und dem POS-Karteninhaber getroffenen Vereinbarung könnte es sich um einen berechti-

---

[140] So teilweise zum Scheckkartenverfahren in seiner traditionellen Ausprägung: Zöllner, Scheckkarte, S. 559; Bezler, S. 27ff.; Dütz, S. 191.

[141] Abgedruckt in Baumbach / Hefermehl, Anh. Art. 4 SchG Rdnr. 2a.

genden Vertrag zugunsten des pos-betreibenden Händlers im Sinne von § 328 BGB handeln.[142]

Im Rahmen eines echten Vertrages zugunsten Dritter begründet das Leistungsversprechen, welches der Versprechende gegenüber dem Versprechensempfänger zugunsten des Dritten abgibt, für den Dritten einen eigenen Anspruch gegenüber dem Versprechenden.[143]

Es stellt sich hier die Frage, ob Bank und Kunde bzw. Karteninhaber mit der Vereinbarung von Ziffer 7 Abs. 3 der ec-Bedingungen bereits ein Forderungsrecht für den jeweiligen POS-Terminalbetreiber begründen wollen. Bedenken ergeben sich dagegen, weil zum Zeitpunkt der Vereinbarung der ec-Bedingungen den Vertragsparteien die Person des Dritten (POS-Betreiber) und der Betrag der Höhe nach noch unbekannt sind.

Der wirkliche Wille der Vertragsschließenden ist daher durch Auslegung zu ermitteln (§ 328 Abs. 2 BGB). Maßgeblich sind nicht nur die Vertragserklärungen, sondern auch der von den Beteiligten verfolgte Zweck (§§ 133, 157 BGB)[144]:

Das Interesse des Karteninhabers besteht darin, Waren- bzw. Dienstleistungsumsätze nicht nur bar, sondern auch mit der ec-Karte zahlen zu können. Hinreichend, aber auch erforderlich ist es, daß Händler, welche die POS-Karte akzeptieren, das „Zahlungsversprechen" dann erhalten, wenn sie ihrerseits Zahlung vom Kunden verlangen können. Grundsätzlich kann der Händler nämlich wegen § 271 Abs. 1 BGB die Leistung sofort, das heißt mit Vertragsschluß verlangen.[145] Der Karteninhaber hat demnach ein Interesse, spätestens im Zeitpunkt des Vertragsschlusses zahlungsfähig zu sein. Es ist also auch hier hinreichend, aber auch erforderlich, daß zu diesem Zeitpunkt das „Zahlungsversprechen" seitens der Bank vorliegt.

Die Bank hingegen will sich nur insoweit verpflichten, als dies zur Erreichung des von ihr angestrebten Zieles erforderlich ist.[146] Das Ziel einer Bank, die ihren Kunden mit einer pos-tauglichen Karte ausgestattet hat, ist es, die Zahlungsfähigkeit des Kunden – im Rahmen einer zu vereinbarenden Betragsgrenze – zu gewährleisten. Da der Kunde hier die Zahlungszusage seiner Bank

---

142 Die Konstruktion eines Vertrages zugunsten Dritter wird bei einer ähnlichen Konstellation beim herkömmlichen Scheckkartenverfahren von einigen Autoren in der Literatur vertreten. Der Vertrag zugunsten Dritter soll durch Aushändigung der Scheckkarte zwischen Bank und Kunde zustande kommen und jeder Inhaber eines gültigen, den Bedingungen der Scheckkarte entsprechenden Schecks begünstigt werden. So jedenfalls Zöllner, Scheckkarte, S. 560; 561; ders., Wertpapierrecht, § 26 IV 1c; Bülow, S. 343; ablehnend z.B. OLG Nürnberg NJW 1978,2513f.; Canaris, Bankvertragsrecht 1988, Rdnr. 832, Baumbach / Hefermehl, Anh Art. 4 SchG Rdnr. 3.

143 Vgl. Palandt-Heinrichs, Einf v § 328 Anm. 1).

144 Vgl. a.a.O., § 133 Anm. 5) und § 328 Anm. 1)b)cc).

145 Vgl. zum Kaufvertrag a.a.O., § 433 Anm. 5)a)dd).

146 So Giese / Lang / Reyher Rdnr. 79 (S. 50f.).

– wie festgestellt – erst bei Abschluß eines Kontraktes benötigt, dürfte der Verpflichtungswille der Bank auch nicht weiter gehen. Bank und Karteninhaber haben folglich im Zeitpunkt der Vereinbarung von Ziffer 7 Abs. 3 der ec-Bedingungen (noch) nicht den Willen, einem Dritten ein Forderungsrecht einzuräumen.

Diese Interpretation von Ziffer 7 Abs. 3 der ec-Bedingungen wird zum einen durch Ziffer 9 Abs. 2 der POS-Vereinbarung und zum anderen durch die inhaltsgleiche Formulierung von Ziffer 10 Abs. 1 des Händlervertrages gestützt. Danach wird das „Zahlungsversprechen" von der GZS im Namen und für Rechnung des kartenausgebenden Instituts dem Händler übermittelt. Das „Zahlungsversprechen" wird somit erst nach Einschaltung der GZS und dann dem Händler und nicht dem Karteninhaber gegenüber abgegeben.

Die Vereinbarung von Ziffer 7 Abs. 3 der ec-Bedingungen kann folglich nicht als berechtigender Vertrag zugunsten Dritter gemäß § 328 BGB gedeutet und damit auch nicht als Rechtsgrundlage für das Zahlungsversprechen gewertet werden.

### IV. Ziffer 10 Abs. 1 des Händlervertrages

Als Rechtsgrundlage für das Zahlungsversprechen, welches das kartenemittierende Kreditinstitut abgibt, kommt Ziffer 10 Abs. 1 des Händlervertrages in Betracht.

Vertragsparteien dieses Händlervertrages sind die GZS und der pos-betreibende Händler. Neben ihnen werden aber zusätzlich sämtliche Kreditinstitute berechtigt und verpflichtet, welche die POS-Vereinbarung anerkannt[147] haben.

Ziffer 10 Abs. 1 des Händlervertrages hat folgenden Wortlaut:

> „Die GZS übermittelt im Namen und für Rechnung des kartenausgebenden Instituts dem Unternehmen ein Zahlungsversprechen in Höhe des an der Kasse autorisierten Betrages (POS-Umsatz), sofern die POS-Kasse gemäß Nr. 2 zugelassen, nach den in Nr. 4 genannten Richtlinien betrieben und der POS-Umsatz dem Inkassoinstitut innerhalb von acht Tagen eingereicht wird."

Ziffer 10 Abs. 1 des Händlervertrages enthält einzelne Voraussetzungen, bei deren Vorliegen das kartenausgebende Kreditinstitut ein Zahlungsversprechen abgibt. Das eigentliche Zahlungsversprechen kommt somit nicht bereits durch Abschluß des Händlervertrages zustande, sondern im Einzelfall zwischen dem Händler, bei dem ein Umsatz unter Einsatz der ec-Karte getätigt werden soll, und dem kartenausgebenden Kreditinstitut. Die GZS übt bei diesem Vorgang nur eine Vermittlerfunktion aus.

---

147 Vgl. Ziffer 1 der POS-Vereinbarung und siehe oben § 6 C. (S. 36f.).

Insoweit ist die Bestimmung (Ziffer 10 Abs. 1) als Rahmenregelung für ein später abzugebendes Zahlungsversprechen zu verstehen.

Fraglich ist jedoch, wie das Zahlungsversprechen zwischen einem Händler und dem kartenausgebenden Kreditinstitut letztlich zustande kommt und welche Rechtsnatur es hat.

Bei Betrachtung der kartengesteuerten Zahlungsabwicklung am POS-Terminal fällt sogleich auf, daß diese technisiert bzw. automatisiert erfolgt. Der Händler verkehrt über die GZS direkt mit der Datenverarbeitungsanlage der kartenausgebenden Bank. Von der Systemgestaltung her erhält der Händler auch unmittelbar – in ca. 3 Sekunden – nach Absenden seiner Daten eine Antwort – Autorisierung oder Negativmeldung – am POS-Terminal. Diese Antwort wird durch die EDV-Anlage der Bank mit anschließendem Weg über die GZS selbsttätig erzeugt. Menschen werden auf Seiten des kartenausgebenden Instituts bei der jeweiligen konkreten Fallbearbeitung nicht tätig. Nur die Programmierung und Inbetriebnahme des Großrechners wird noch von Menschen veranlaßt und durchgeführt.

Es fragt sich, ob diese elektronische Kommunikation einen Austausch von Willenserklärungen beinhaltet, welcher letztlich zu einem Vertragsschluß über ein „Zahlungsversprechen" führt.

Die Regelungen des BGB und dort insbesondere die Vorschriften über Willenserklärungen setzen für ihre Anwendung voraus, daß die jeweilige Erklärung sich als ein menschliches Erklärungshandeln darstellt.[148]

Infolgedessen gibt es bei der rechtsdogmatischen Einordnung des mit dem POS-Verfahren verwandten, traditionellen Scheckkartenverfahrens keinerlei Schwierigkeiten: Die Vertreter der herrschenden Meinung[149] sehen in dem Zahlungsvorgang mittels Scheck unter Vorlage der Scheckkarte auf der einen Seite den Karteninhaber als Vertreter oder Übermittlungsboten der Bank und auf der anderen Seite den Händler als Vertragskontrahenten an. Sowohl auf Seiten der Bank als auch auf Seiten des Händlers stehen sich Menschen gegenüber. Die Regelungen des BGB können direkt Anwendung finden. Gleiches gilt für die Vertreter der abweichenden Auffassung, die einen Vertragsschluß zwischen Bank und Kunde zugunsten unbekannter künftiger Schecknehmer (§ 328 BGB) konstruieren.[150]

Nachfolgend soll untersucht werden, inwieweit die Vorschriften über Willenserklärungen auf den automatisierten POS-Zahlungsvorgang Anwendung finden können.

---

148 Staudinger-Dilcher, Vorbem zu §§ 116 - 144 Rdnr. 5.

149 Garantievertrag zwischen Händler und Bank: siehe für alle Baumbach / Hefermehl, Anh Art. 4 SchG Rdnr. 4.

150 So z. B. Dütz, S. 192; Zöllner, Scheckkarte, S. 561.

## 1. Zustandekommen des Vertrages

### *a) Willenserklärung des Händlers*

Der POS-Kassenbetreiber verzichtet auf Barzahlung, wenn ein Kreditinstitut die Bezahlung des Schuldbetrages verspricht. Den Willen, ein derartiges Zahlungsversprechen zu erhalten, übermittelt der Händler dem jeweiligen kartenausgebenden Kreditinstitut. Der Händler bzw. sein Personal übermitteln diesen Willen nicht „persönlich"; sie bedienen sich der Hilfe des POS-Terminals. Daten, die der Erklärung des Händlers ihren Inhalt und ihre Bedeutung geben, werden in das POS-Terminal eingegeben. So hat der Händler den Schuldbetrag ermittelt, über dessen Höhe das Zahlungsversprechen lauten soll. Der Kunde und Karteninhaber liefert mit seiner Magnetstreifenkarte und Eingabe der PIN die weiteren Informationen, die seine Bank benötigt, um ein Zahlungsversprechen abgeben zu können.

Die Bankleitzahl und Kontonummer sind erforderlich, um die Zahlung der richtigen Bank und dem richtigen Kontoinhaber bzw. Konto zuordnen zu können. Schließlich benötigt das Kreditinstitut die PIN des POS-Zahlers, um feststellen zu können, ob es sich bei ihm um einen berechtigten Karteninhaber handelt. Letztendlich findet die Identifikation des Händlers über die Händler-PIN statt.

Sämtliche vorgenannten Informationen bilden unselbständige Bestandteile der Erklärung des Händlers. Diese wird vom POS-Terminal per Datenleitung übermittelt. Die Benutzung des POS-Terminals nimmt der Erklärung des Händlers nicht den Charakter eines menschlichen Erklärungshandelns. Hier wird das POS-Terminal lediglich als maschinelle Hilfe bei der Erklärungshandlung eingesetzt.[151]

Es handelt sich damit um eine Willenserklärung des Händlers. Die Erklärung ist als Angebot gegenüber der kartenausgebenden Bank zu qualifizieren, gerichtet auf Vereinbarung eines „Zahlungsversprechens".

#### aa) Willenserklärung unter Anwesenden oder Abwesenden

Fraglich ist nur, wann die Erklärung des Händlers in Kommunikation mit der EDV-Anlage der Bank wirksam wird.[152] Das hängt zunächst davon ab, ob es sich um Mitteilungen unter Anwesenden oder unter Abwesenden handelt.

---

[151] Vgl. Staudinger-Dilcher, Vorbem zu §§ 116 - 144 Rdnr. 5.

[152] Zum Wirksamwerden einer gegenüber einem Computer abzugebenden Willenserklärung: Köhler, S. 139ff.; Redeker, S. 2391; Friedmann, S. 24,56; Paefgen, Forum, S. 596.

Nach § 130 Abs. 1 BGB werden Willenserklärungen gegenüber Abwesenden mit ihrem Zugang wirksam. Erklärungen unter Anwesenden werden nach herrschender Meinung wirksam, wenn der Empfänger sie wahrnimmt.[153]

Auf den ersten Blick könnte man geneigt sein, die Erklärung des Händlers als einen „mittels Fernsprecher von Person zu Person gemachten Antrag" anzusehen, welcher nur sofort angenommen werden kann (§ 147 Abs. 1 S. 2 BGB). Als Argument ließe sich die Funktionsabhängigkeit des POS-Systems vom Fernsprechnetz anführen.[154]

Die Vorschrift des § 147 Abs. 1 BGB soll für Kommunikationsvorgänge gelten, bei denen Erklärungen sofort erwidert werden können.[155] Diese Voraussetzung wird von den Rechnern der Banken erfüllt. Für die Akzeptanz des POS-Systems ist die unmittelbare Dialogfähigkeit der EDV-Anlage mit kürzesten Antwortzeiten geradezu unerläßlich. Die Kommunikationsfähigkeit einer EDV-Anlage veranlaßt manche Autoren daher dazu, Erklärungen gegenüber dem Computer als Erklärungen gegenüber Anwesenden gemäß § 147 Abs. 1 S. 1 BGB anzusehen.[156]

Richtig ist dabei zwar, daß § 147 Abs. 1 BGB eine physische Anwesenheit des Antragsempfängers verlangt, so daß die räumliche Trennung von POS-Kassenbetreiber und der Bank kein Hindernis darstellt. Doch geht § 147 Abs. 1 BGB von einem „von Person zu Person" gemachten Antrag aus (§ 147 Abs. 1 S. 2 BGB). Im Gegensatz zum Telefon ist POS aber kein akustisches Medium. Die Kommunikation zwischen dem POS-Terminal des Händlers und der Bank erfolgt ausschließlich durch Austausch elektronischer Signale. Mithin scheitert die Anwendung von § 147 Abs. 1 S. 2 BGB an der zwingenden Voraussetzung der gleichzeitigen akustischen Anwesenheit des Antragenden und des Antragsempfängers. Nur im Falle gleichzeitiger akustischer Anwesenheit der Vertragskontrahenten kann in den Augen des historischen Gesetzgebers von dem in § 147 Abs. 1 S. 1 BGB niedergelegten Grunderfordernis gleichzeitiger körperlicher Anwesenheit abgesehen werden.[157] Geht man weiter davon aus, daß eine Erklärung unter Anwesenden dann wirksam wird, wenn sie der Empfänger mit ihrem Bedeutungsgehalt wahrnimmt,[158] so ergeben sich die nächsten Schwierigkeiten. Bei der Bank als Empfängerin der Erklärung des POS-Kassenbetreibers ist nämlich nur die EDV-Anlage eingeschaltet. Eine EDV-Anlage ist aber schon begrifflich nicht in der Lage, eine Erklärung ihrem Bedeutungsgehalt entsprechend wahrzunehmen und richtig

---

153 BAG ZIP 82,1467; Palandt-Heinrichs, § 130 Anm. 4)b); Soergel-Hefermehl, § 130 Rdnr. 21.

154 Siehe zum Btx-System: Paefgen, Forum, S. 596.

155 Redeker, S. 2391.

156 Soergel-M. Wolf, § 147 Rdnr. 3.

157 Vgl. Redeker, S. 2391.

158 Siehe dazu Fn 153.

zu verstehen. Sie kann lediglich auf die elektronischen Signale ihrer Programmierung entsprechend reagieren.[159] Bei der Erklärung des POS-Kassenbetreibers handelt es sich damit nicht um eine Erklärung unter Anwesenden, sondern um eine solche unter Abwesenden (§ 147 BGB).

Grundsätzlich wird die Erklärung daher mit ihrem Zugang wirksam, daß heißt mit Eingang in die EDV-Anlage der Bank.[160] Nun gelangt die Autorisierungsanfrage nicht direkt zu den kartenausgebenden Banken, sondern über die GZS[161]. Dabei handelt auch die GZS als juristische Person nicht „persönlich". Die Verarbeitung der Autorisierungsanfrage übernimmt der Netzknotenrechner, der anhand der Bankleitzahl feststellt, zu welcher Institutsgruppe die ec-Karte des gerade verfügenden Kunden gehört. Im Anschluß an diesen Vorgang erfolgt die Weiterleitung an den jeweiligen Institutsgruppen- oder Institutsrechner.

Da die Autorisierungsanfrage des Händlers direkt mit Eingang in die EDV-Anlage der bezogenen Bank wirksam werden kann, können dieselben Rechtswirkungen durch Eingang der Erklärung in der EDV-Anlage einer Mittelsperson eintreten.

### bb) GZS als Stellvertreterin oder als Botin

Fraglich ist, ob die GZS bei Entgegennahme der Willenserklärung des Händlers als Vertreterin oder als Empfangsbotin des kartenausgebenden Instituts auftritt.

Während der Vertreter eine eigene Willenserklärung abgibt, also selbst der rechtsgeschäftlich Handelnde ist, übermittelt der Bote eine Willenserklärung seines Auftraggebers. Die Unterscheidung zwischen Vertreter und Boten richtet sich nach dem äußeren Auftreten, nicht nach dem zwischen Geschäftsherrn und Mittler bestehenden Innenverhältnis.[162]

Soweit es in Ziffer 10 des Händlervertrages heißt: „Die GZS übermittelt im Namen und für Rechnung des kartenausgebenden Instituts ein Zahlungsver-

---

159 Redeker, S. 2391 u. vgl. Paefgen, Forum, S. 596.

160 Vgl.Redeker, S. 2391 und Paefken, Forum, S. 596: Würde man die Erklärung des POS-Kassenbetreibers als eine Willenserklärung unter Anwesenden ansehen, so würde diese nach der oben genannten Definition wirksam, sobald sie vom Empfänger wahrgenommen würde. Das bedeutet: Für eine eingeschaltete EDV-Anlage der Bank, welche die Erklärung des POS-Kassenbetreibers in Form von elektronischen Signalen empfängt, hieße „Wahrnehmung", wenn die Anlage auf die Erklärung so reagiert, wie sie das bei Eingabe dieser Willenserklärung nach dem ihr tatsächlich vorgegebenen Programm tun muß. Da dies alles in Sekundenbruchteilen geschieht, ergäbe sich bei praktischer Betrachtungsweise kein Unterschied zum oben gefundenen Ergebnis (Willenserklärung unter Abwesenden).

161 Ziffer 10 des Händlervertrages.

162 BGHZ 12,334; Palandt-Heinrichs, Einf v § 164 Anm. 3)f); Soergel-Leptien, Vor § 164 Rdnr. 51; Staudinger-Dilcher, Vorbem zu § 164 Rdnr. 74.

sprechen ..." läßt sich daraus weder ein Argument für die Stellvertretung noch für die Botenschaft herleiten. Die Tatsache, daß die GZS somit erkennbar nicht im eigenen Namen gegenüber dem Händler auftritt, bedeutet lediglich, daß die Rechtsfolgen der Erklärung nicht sie treffen sollen.[163] Bedeutung kommt dagegen dem Argument zu, daß die Voraussetzungen, unter denen das Zahlungsversprechen zu übermitteln ist, im weiteren dezidiert in Ziffer 10 des Händlervertrages geregelt sind. Die GZS hat danach weder auf Inhalt noch auf Umfang des Zahlungsversprechens eigenen Einfluß.[164] Ihre Aufgabe erschöpft sich in der korrekten Weiterleitung der Erklärung auf elektronischem Wege.

Damit dürfte es sich bei der GZS um eine Übermittlungs- bzw. Empfangsbotin des jeweiligen bezogenen Kreditinstituts handeln.

Aufgrund der kurzen Übermittlungszeiten fallen Zugang der Autorisierungsanfrage bei der Bank mit ihrer Entäußerung (Abgabe) beim Händler praktisch zeitgleich zusammen.[165]

### *b) Willenserklärung des kartenausgebenden Kreditinstituts – Automatisierte Erklärung als echte Willenserklärung –*

Die Autorisierungsanfrage des Händlers löst im Rechner der kartenausgebenden Bank eine Reihe von Prüfungen aus.[166]

So wird der Händler anhand der übermittelten Händler-PIN identifiziert. Die eingegebene Kunden-PIN wird überprüft. Fällt ein Prüfungsteil negativ aus, so kann keine Autorisierung erfolgen. In jedem Fall wird das Prüfungsergebnis über Datenleitung dem anfragenden Händler mitgeteilt. Auf dem Display seines POS-Terminals erscheint dann entweder „Negativmeldung" oder „Betrag gebucht".

Im letzteren Fall stellt sich die Frage, ob dadurch zwischen POS-Kassenbetreiber und der kartenausgebenden Bank ein Vertrag zustande gekommen ist. Ob der äußere Tatbestand einer Willenserklärung auf Seiten des Kreditinstituts hier vorliegt, ist jedoch zweifelhaft. Bei jedem einzelnen Autorisierungsvorgang wird in der Bank keine Person, sondern allein die automatische Rechenanlage tätig.

Der Tatbestand einer Willenserklärung setzt ein äußeres Verhalten voraus, das objektiv auf die Verwirklichung eines Rechtsfolgewillens schließen läßt.[167]

---

[163] Anders aber wohl irrig Reiser, electronic cash, S. 15.

[164] Ebenso Reiser, electronic cash, S. 16; für Stellvertretung ohne nähere Begründung: Fervers, Bücherschau, S. 551.

[165] So Redeker, S. 2391 für das Btx-System.

[166] Siehe oben § 3 A. (S. 19).

Die im EDV-Programm festgelegten Kontroll- und Ausführungsschritte sind globale Entscheidungen, welche die Bildung eines auf den Einzelfall bezogenen Rechtsfolgewillens ersetzen. Einen Willen kann auch schon vom Begriff her nur ein Mensch und keine Maschine entwickeln. Den menschlichen Anstoß bekommt die EDV-Anlage durch die Anfrage und Willenserklärung des Händlers; durch sein Verhalten wird der Zahlungsvorgang ausgelöst. Diese Aktivität des „anderen" Vertragspartners kann aber nicht zur „Kreation" einer Willenserklärung auf Seiten der Bank beitragen.[168]

Es stellt sich daher die grundsätzliche Frage nach der rechtlichen Einordnung der Autorisierungserklärung, die ohne direktes menschliches Mitwirken erstellt und an den Händler weitergeleitet wird.[169]

### aa) Gesetzliche Regelungen

Im Bereich des öffentlichen Rechts wurde bereits eine parallele Problematik diskutiert. Dort wurde die Frage aufgeworfen, ob Bescheide, die unter Verwendung von EDV-Anlagen „erlassen" werden, als Verwaltungsakte qualifiziert werden können. Diese Frage wurde von der überaus herrschenden Meinung bejaht, was schließlich zur Schaffung des § 37 Abs. 4 VwVfG führte.[170] Danach ist der Erlaß schriftlicher Verwaltungsakte mit Hilfe automatischer Einrichtungen zulässig.

Auch eine Norm des Privatrechts läßt ausdrücklich den Einsatz von EDV-Anlagen zu. Nach § 8 MHG kann der Vermieter Erklärungen (Mietzinserhöhungsverlangen) mittels automatischer Einrichtungen fertigen. Hinter der Einordnung der automatisierten Erklärung als echte Willenserklärung steht, daß der Gesetzgeber die Erklärung der EDV-Anlage letztlich doch dem Anlagenbetreiber als die seine zuordnet.

### bb) Meinungen in der Literatur

In der Literatur wird die automatisierte Willenserklärung mit unterschiedlicher Begründung dem Anlagenbetreiber zugeordnet.

---

[167] Soergel-Hefermehl, Vor § 116 Rdnr. 19; Müko-Kramer, Vor § 116 Rdnr. 17; Erman-H.Brox, Vor § 116 Rdnr. 3; Larenz AT, § 19 III.

[168] Vgl. zum Btx-Verfahren: Redeker, S. 2391.

[169] Zur rechtlichen Einordnung von mit maschineller Hilfe erstellten Erklärungen („automatisierte Willenserklärungen"): Viebcke, S. 78ff.; grundlegend Köhler, S. 132ff.; Redeker, S. 2391f.; Clemens, S. 1998ff.; Möschel, S. 195f.; Eisenhardt, S. 875ff.; Medicus AT, § 21 III Rdnr. 256; Friedmann, S. 17f.; Paefgen, Btx, S. 17f.; von der Crone, S. 72ff.; Petring, S. 99.

[170] Kopp, § 37 Rdnr. 36.

Viebcke[171] zieht bei seiner Untersuchung die bereits bekannten Grundsätze über die Blanketterklärung heran. Nach herrschender Meinung wird nämlich die Erklärung, die durch Ergänzung einer Blankettunterschrift zustande kommt, als eine Erklärung desjenigen angesehen, der das Blankett unterschrieben hat.[172] Viebcke vergleicht dies mit einer EDV-Anlage, der er die Funktion des Gehilfen zuweist, welcher die unterschriebene Erklärung ausfüllt.

Köhler[173] vertritt die Auffassung, daß es die Privatautonomie erlauben muß, jederzeit Hilfsmittel hinzuzuziehen.

Seiner Meinung nach macht es keinen Unterschied, ob der Inhalt einer Erklärung mit Hilfe von Menschen oder mit Hilfe von technischen Einrichtungen konkretisiert wird. Der Grundsatz der Privatautonomie stehe der Hinzuziehung von Hilfsmitteln nicht im Wege. Entscheidend sei nur, daß die Verantwortung beim Anlagenbetreiber verbleibe und er sich die Ergebnisse der Datenverarbeitung als eigene Erklärung zurechnen lassen wolle. Es bleibe somit festzuhalten, daß „automatisierte Willenserklärungen" echte Willenserklärungen seien.

Redeker[174] ist dagegen nicht der Auffassung, daß allein nach Programmierung und Inbetriebnahme des Rechnersystems die Erklärungen der Anlage als Willenserklärungen des Anlagenbetreibers zu behandeln seien und damit auch rein äußerlich als mit der Situation der gebundenen Stellvertretung vergleichbar erscheinen. Er meint, die EDV-Anlage gebe wie ein Vertreter Erklärungen ab, deren Einzelheiten dem Anbieter zwar nicht bekannt seien, die er aber genau vorprogrammiert habe. Die Vertretung führe aber auch bei strikt gebundenem Handeln des Vertreters nicht dazu, daß es um Willenserklärungen des Vertretenen gehe, denn dieser kenne weder den Erklärungsempfänger noch den genauen Inhalt der Erklärung. Vielmehr gebe der Vertreter eigene Willenserklärungen ab, die dem Vertreter zugerechnet würden, weil er Vertretungsmacht habe.

Dagegen gebe es keine eigenständigen Willenserklärungen einer EDV-Anlage. Erklärungen, die eine EDV-Anlage erzeuge, könnten, wenn sie Willenserklärungen seien, nur Willenserklärungen des Betreibers der EDV-Anlage sein.

---

171 S. 78ff.; nun auch von der Crone, S. 76f., der die Parallele zur Blankettergänzung darin sieht, daß hier wie dort von einem zuvor global gebildeten Willen des Anlagenbetreibers auszugehen ist. Damit ist jedes aus Empfängersicht plausibel erscheinende Ergebnis der elektronischen Datenverarbeitung dem Anlagenbetreiber zuzurechnen.

172 Siehe nur Müko-Förschler, § 126 Rdnr. 18; Soergel-Hefermehl, § 126 Rdnr. 5.

173 S. 134; ihm folgend: Friedmann, S. 18; Paefgen, Btx, S. 17f.; Medicus AT, § 21 III Rdnr. 256.

174 Redeker, S. 2391.

Möschel wiederum lehnt jede direkte Zurechnung ab.[175] Die Gleichstellung mit der natürlichen Willenserklärung wird unter Hinweis auf das Fehlen eines individualisierten Willensbildungsprozesses zurückgewiesen. Auch den Versuchen, eine Parallele zu Willenserklärungen zu ziehen, welche durch Ausfüllung einer Blanketturkunde zustande kommen, vermag er sich nicht anzuschließen. Eine Blankettunterschrift für sich sei noch keine Willenserklärung. Der Erklärungsinhalt sei erst mit Vervollständigung gegeben. Da dieser Ergänzungsakt die Willenserklärung hervorbringe, könne er demgemäß mit einer entsprechenden Anwendung der Regeln über die Botenmacht nicht zureichend erklärt werden. Wegen der „Teilhabe" an der Erklärungsbildung komme nur eine entsprechende Anwendung der Vertretungsvorschriften in Betracht. Dies impliziere nach § 165 BGB mindestens beschränkte Geschäftsfähigkeit[176], eine Eigenschaft, die einem Computer von vornherein abgehe.

Für die Beurteilung der Frage, ob eine automatisierte Erklärung Rechtsfolgen nach sich ziehe, müsse deshalb auf das zwischen den Parteien bestehende Vertragsverhältnis zurückgegriffen werden. So könne etwa in einem Girovertrag eine Vereinbarung über alle zukünftigen Schuldversprechen liegen, die unter aufschiebender Bedingung der Buchung stehe.[177]

### cc) Stellungnahme

Ein menschliches Verhalten ist dann als Willenserklärung zu qualifizieren, wenn die objektive Erklärungsbedeutung auf einen Rechtsfolgewillen schließen läßt.[178]

Der Händler als Empfänger der Autorisierung weiß, daß seine konkrete Anfrage auf Seiten der Bank nicht von einer Person, sondern ausschließlich durch eine EDV-Anlage bearbeitet und beantwortet wird. Das ergibt sich schon allein aus der kurzen Bearbeitungszeit von ca. 3 Sekunden. Die Erklärung (Autorisierung), welche die EDV-Anlage der Bank erzeugt, kann keine Willenserklärung der EDV-Anlage selbst sein. Eigenständige Willenserklärungen eines Computers gibt es nicht; es können nur solche des Betreibers sein.[179]

Die Bank als Anlagenbetreiberin nimmt bewußt keinen Einfluß auf den einzelnen Autorisierungsvorgang. Stattdessen definiert sie global, unter welchen Bedingungen sie welche Rechtsfolgen eintreten lassen will. Über das Pro-

---

175 Möschel, S. 195f.

176 Vgl. dazu Larenz AT, § 33 III (S. 630f.).

177 Im Ergebnis auch Clemens, S. 2001.

178 So jedenfalls für eine empfangsbedürftige Willenserklärung: vgl. Müko-Kramer, Vor § 116 Rdnr. 17; Soergel-Hefermehl, Vor § 116 Rdnr. 19; Erman-H.Brox, Vor § 116 Rdnr. 3; Palandt-Heinrichs, Einf v § 116 Anm. 1)b); Larenz AT, § 19 III.

179 Redeker, S. 2391.

gramm wird bestimmt, auf welche Autorisierungsanfragen eine Negativmeldung bzw. eine Autorisierung ergehen soll. Über den so vorgegebenen festen Rahmen erhält jede Erklärung des Bankrechners aber einen vorhersehbaren Inhalt, auch wenn einzelne Daten wie PIN, Kontonummer, Betrag etc. jeweils von außen (Händlerterminal) in das Computersystem gelangen und die einzelnen Erklärungen erst auslösen.

Zieht man die Parallele zur Vervollständigung einer Blanketterklärung durch einen Gehilfen, so kann bei Abgabe einer Erklärung mittels Computers erst recht eine Zurechnung erfolgen.

Der das Blankett vervollständigende Gehilfe hat genaue Anweisungen seines Geschäftsherrn; der Computer ist mit einem Programm gefüttert. Dem Gehilfen ist es ohne weiteres möglich, das Blankett weisungswidrig auszufüllen. Der Computer hingegen kann sich nicht über das Programm hinwegsetzen. Insoweit ist der Inhalt der Erklärung sowohl für den Anlagenbetreiber als auch für den Händler voraussehbarer als die Blankettvervollständigung für den Geschäftsherrn.

Indem die Blankettvervollständigung durch den Gehilfen dem Geschäftsherrn als eigene Willenserklärung zugerechnet wird,[180] wird durch die Rechtsordnung der Einsatz von Hilfe bei Abgabe einer Erklärung auch dann gebilligt, wenn der Inhalt der Erklärung letztendlich nicht vorhersehbar ist. Dies ist möglich, weil für einen Dritten erkennbar ist, daß der Geschäftsherr hinter der Erklärung steht.

Mit Nutzung einer EDV-Anlage wird nun keine menschliche, sondern maschinelle Hilfe bei der Konkretisierung des Inhalts einer Erklärung eingesetzt. Dies ist auch zulässig, denn der Grundsatz der Privatautonomie steht der Hinzuziehung von Hilfsmitteln nicht im Wege.

Setzt nun die Bank eine EDV-Anlage zum Zwecke der Beantwortung von Autorisierungsanfragen pos-betreibender Händler ein, so dokumentiert die Bank, daß sie sich die Ergebnisse der Datenverarbeitung als eigene Erklärungen zurechnen lassen will.[181] Die mit Hilfe des Computers gefertigten Erklärungen beruhen nämlich in allen Phasen der Herstellung auf dem Willen desjenigen, welcher die Anlage benutzt und sie gerade für den bestimmten Erklärungszweck verwendet. Die Anlage selbst trifft keine autonome Entscheidung; sie führt nur Operationen nach einem vorgegebenen Programm aus. Es ist die Bank als Anlagenbetreiberin, die frei darüber entscheidet, ob die automatisch gefertigten Erklärungen in den Verkehr gelangen oder nicht.[182] An

[180] So die ganz h. M.: BGHZ 40, 65(68); Müko-Förschler, § 126 Rdnr. 18; Soergel-Hefermehl, § 126 Rdnr. 5; Larenz AT, § 33 III; Flume AT, § 15 II, S. 253.

[181] Vgl. Köhler, S. 134; Viebcke, S. 65; im Ergebnis auch Clemens, S. 2001; Redeker, S. 2391; Friedmann, S. 18.

[182] Vgl. Eisenhardt, S. 875.

Erklärungen, welche die Bank durch ihre EDV-Anlage in den Verkehr gelangen läßt, will sie sich erkennbar festhalten lassen. Auch Dritten gegenüber erscheint es, daß die Bank als Anlagenbetreiberin und nicht etwa ihre Rechenanlage bei Abgabe einer einzelnen Erklärung einem Rechtsfolgewillen Ausdruck verleihen will. Folglich handelt es sich bei der auf die Autorisierungsanfrage des Händlers durch den Computer des kartenausgebenden Kreditinstituts erzeugten automatisierten Erklärung (Autorisierungsantwort) um eine eigene Willenserklärung des Kreditinstituts. Die Erklärung ist als echte Willenserklärung anzusehen.

Mit Zugang der Autorisierungserklärung[183] beim Händler kommt zwischen Bank und Händler ein Vertrag über ein Zahlungsversprechen zustande.

### 2. Rechtsnatur des Zahlungsversprechens

Um zu wissen, welche rechtlichen Verpflichtungen sich für die Parteien aus dem Zahlungsversprechen ergeben, muß dieses rechtlich eingeordnet werden.

Während Bertrams[184] in dem Zahlungsversprechen einen Garantievertrag auf erstes Anfordern nach § 305 BGB sieht, will Reiser[185] es als ein selbständiges Schuldversprechen im Sinne von § 780 BGB verstanden wissen.

Die Banken haben in ihrem Muster-Händlervertrag den Begriff „Zahlungsversprechen" gewählt. Dieser Begriff ist dem Gesetz jedoch unbekannt. Für die Bestimmung der Rechtsnatur eines Vertrages ist aber nicht entscheidend, welche Bezeichnung die vertragschließenden Parteien ihrer Vereinbarung gegeben haben. Maßgeblich ist in erster Linie der mit einem Rechtsgeschäft verfolgte Zweck und die bestehende Interessenlage.[186] Dementsprechend soll im folgenden untersucht werden, was Bank und Händler – unter Berücksichtigung ihrer Interessenlage – mit der Vereinbarung eines Zahlungsversprechens bezwecken.

#### *a) Schuldübernahme*

Die Vereinbarung eines Zahlungsversprechens könnte eine Schuldübernahme im Sinne von § 414 BGB zum Gegenstand haben. Nach § 414 BGB

---

[183] Führt der Prüfungsvorgang des Bankcomputers zu einer Negativmeldung, so wird diese ebenfalls dem Händler mitgeteilt. Mangels Rechtsfolgewillens der Bank handelt es sich dabei jedoch nicht um eine Willenserklärung: Das Angebot des Händlers auf Abschluß eines Vertrages über ein Zahlungsversprechen wird abgelehnt.

[184] S. 966f., wohl vor dem Hintergrund einer früher verwandten Vertragsformulierung („das Kreditinstitut ... garantiert").

[185] GZS, Electronic cash, S. 8f.

[186] BGHZ 2, 385; 20, 110; 21, 328; Soergel-Hefermehl, § 133 Rdnr. 25; Erman-H.Brox, § 133 Rdnr. 32f.; Staudinger-H.Dilcher, § 133 Rdnr. 43; Palandt-Heinrichs, § 133 Anm. 5)b)dd).

kann eine Schuld von einem Dritten durch Vertrag mit dem Gläubiger in der Weise übernommen werden, daß der Dritte an die Stelle des bisherigen Schuldners tritt.[187]

Es erscheint jedoch bereits äußerst zweifelhaft, ob der Händler den Willen hat, seinen Schuldner – den Karteninhaber –, freizugeben.[188] Zudem würde es dem Willen der Bank zuwiderlaufen, den Karteninhaber aus seiner Verpflichtung gegenüber dem Händler zu entlassen. Die Bank will lediglich dem Händler, der anstelle einer Barzahlung die ec-Kartenzahlung am POS-Terminal akzeptiert, das Risiko einer mangelnden Kontodeckung ihres Kunden abnehmen. Einen darüber hinausgehenden Willen hat die Bank nicht.

Die Folge einer Schuldübernahme ist, daß die Schuld mit gleichbleibendem Inhalt übergeht. Nach § 417 Abs. 1 S. 1 BGB könnte die Bank dem Händler alle Einwendungen entgegensetzen, welche sich aus dem Rechtsverhältnis zwischen dem Händler und ihrem Kunden (Valutaverhältnis) ergeben. Das würde bedeuten, daß die Bank der Forderung des Händlers beispielsweise die Mangelhaftigkeit der Kaufsache entgegensetzen könnte. Daran hat die Bank jedoch kein Interesse.[189] Bank und Händler verfolgen einzig und allein das Ziel, die Zahlungsforderung des Händlers gegenüber seinem Kunden abzusichern. Im übrigen soll das Valutaverhältnis unberührt bleiben.

Damit entspricht die Vereinbarung eines Zahlungsversprechens nicht dem Leitbild einer Schuldübernahme im Sinne von § 414 BGB.

### *b) Schuldbeitritt*

Im Gegensatz zur befreienden Schuldübernahme tritt beim Schuldbeitritt (sog. kumulative Schuldübernahme, auch Schuldmitübernahme genannt)[190] der Übernehmer nicht an die Stelle des Altschuldners, sondern neben ihn als Mitschuldner. Das Wesen des Schuldbeitritts besteht demnach darin, daß sich ein Dritter neben dem bisherigen Schuldner zusätzlich für dieselbe Schuld als Gesamtschuldner verpflichtet.[191]

---

[187] Ausführlich zur Schuldübernahme: Larenz SchRAT, § 35I.a)(S. 603); Müko-Möschel, § 414 Rdnr. 6; Erman-H.P.Westermann, Vor § 414 Rdnr. 2; Soergel-Zeiss, Vor § 414 Rdnr. 2.

[188] Das ist die wesentliche Folge der Übernahme. Siehe Esser / Schmidt, § 37 II, 1b; Müko-Möschel, § 414 Rdnr. 3; Erman-H.P.Westermann, § 414 Rdnr. 3.

[189] Vergleichend wird hier auf die zwischen Bank und Kunde regelmäßig zu vereinbarenden ec-Bedingungen hingewiesen, aus denen sich die Interessenlage der Bank entnehmen läßt. In Ziffer 8 Abs. 2 der ec-Bedingungen heißt es: „Einwendungen und sonstige Beanstandungen des Karteninhabers, die das Vertragsverhältnis mit den die POS-Kassen betreibenden Unternehmen betreffen, sind unmittelbar gegenüber dem Unternehmen geltend zu machen".

[190] Im Gesetz nicht geregelt, aber nach allgemeiner Meinung als reiner Verpflichtungsvertrag nach § 305 BGB zulässig. Palandt-Heinrichs, Überbl v § 414 Anm. 2)a).

Der Annahme eines Schuldbeitritts stehen jedoch erhebliche Bedenken entgegen, die sich aus dem Inhalt der Verpflichtung des Beitretenden ergeben.

Der Beitretende schuldet aus demselben Schuldgrund wie der Schuldner.[192] Er übernimmt dessen Schuld als eigene mit dem Inhalt und Umfang, den die Schuld zur Zeit der Übernahme hat.[193] Das bedeutet aber, daß die Verpflichtung des Beitretenden dann gegenstandslos ist, wenn die Schuld, der er beigetreten ist, nicht zur Entstehung gelangt ist, etwa weil der Schuldner bei Geschäftsabschluß geschäftsunfähig war (§ 105 BGB). War die Schuld einredebehaftet, kann grundsätzlich auch der Beitretende die Leistung verweigern (§ 417 BGB analog).[194]

Bezieht sich der Schuldbeitritt auf eine Kaufpreisschuld, so ist bei Mangelhaftigkeit der gelieferten Ware allein der Schuldner als Käufer wandelungs- oder minderungsberechtigt. Dem Schuldmitübernehmer stehen diese Rechte nicht zu. Er kann seine Leistung aber so lange verweigern, bis die Frage der Wandelung oder Minderung zwischen Verkäufer und Käufer entschieden ist.[195] Unter Berücksichtigung dieser Rechtslage, bei der die Verpflichtung des Schuldbeitretenden nur in ihrer Entwicklung, ihrem Fortbestand, nicht aber in ihrer Entstehung von der Urschuld abhängig ist,[196] erscheint es sehr fraglich, ob die Annahme eines Schuldbeitritts, insbesondere also die aufgezeigte Abhängigkeit von der Schuld des Kunden, dem Zweck des POS-Zahlungsverfahrens und dem Willen der an diesem Verfahren Beteiligten entspricht.

### aa) Interesse des Händlers

Zweck des POS-Zahlungssystems ist es, dem Karteninhaber die Barzahlung zu ersparen. Sein Vertragspartner aber würde auf die Barzahlung nicht verzichten und sich auf die Bezahlung mittels pos-tauglicher Karte nicht einlassen, wenn er eine im Vergleich mit der normalen Barzahlung erheblich schlechtere Position in Kauf nehmen müßte. Dies aber wäre der Fall, wenn sich die kartenausgebende Bank ihrer Zahlungsverpflichtung mit Einwendungen und Einreden aus dem Verhältnis des Kunden zum Händler, dem Valutaverhältnis, entziehen könnte. Würde die Bank die Zahlung verweigern können, so müßte der Händler seine Forderung gegebenenfalls gerichtlich geltend machen, nachdem er seinerseits bereits geleistet hat.

---

[191] Soergel-Zeiss, vor § 414 Rdnrn. 5ff. und vor § 765 Rdnr. 44.

[192] Staudinger-Brändl, Vorbem § 765 Rdnr. 53.

[193] Soergel-Zeiss, vor § 414 Rdnr. 7.

[194] Esser AT, § 56 II,3 (S. 419); Palandt-Heinrichs, Überbl v § 414 Anm. 2)c).

[195] So mit Recht Reichel, S. 424ff.(426) unter Anwendung des dem § 770 BGB zugrunde liegenden Rechtsgedankens.

[196] Vgl. statt aller Erman-H.P Westermann, Vorbem § 414 Anm. 3.

Bei der Barzahlung wäre er dagegen schon im Besitz des Geldes, und der Kunde müßte sein Geld zurückfordern, falls er seine Gegenrechte für durchsetzbar hält.

Diese geschilderten Nachteile könnten den Händler davon abhalten, eine Zahlung mittels pos-tauglicher Karte zu akzeptieren, da die für ihn entscheidenden Risiken nicht voll abgedeckt wären. Der Händler muß daher, soll das POS-System ein taugliches Zahlungsverfahren sein, im praktischen Ergebnis so gestellt werden, als habe er vom Kunden bei Einsatz der Karte bereits Geld erhalten.

Dies ist aber nur dann möglich, wenn dem Händler rechtlich gewährleistet wird, daß die Bank auch dann zur Zahlung verpflichtet ist, wenn er schlecht erfüllt hat. Das bedeutet: Die Bank darf sich nicht, wenn sie vom Händler in Anspruch genommen wird, auf Einwendungen und Einreden des Kunden berufen dürfen, die dessen Verhältnis zu dem Händler entstammen. Dieser muß einen vom Valutaverhältnis unabhängigen Zahlungsanspruch erhalten.

#### bb) Interesse der Bank

Das Interesse des Händlers an einem vom Valutaverhältnis unabhängigen Zahlungsanspruch steht den Interessen der Bank nicht entgegen. Ohne Rücksicht auf etwaige Einwendungen und Einreden des Karteninhabers zahlen zu müssen, stimmt im Gegenteil mit den Interessen der Bank überein. Denn dürfte die Bank die Zahlung bei Unwirksamkeit des Vertrages zwischen Karteninhaber und Händler oder bei Schlechterfüllung verweigern, so würde das POS-Zahlungssystem für den Händler ohne besonderen Reiz sein, mit der weiteren Folge, daß auch die Bank ihre mit der Einführung und Ausdehnung des POS-Zahlungsverfahrens verbundenen Hoffnungen und wirtschaftlichen Interessen nicht verwirklichen könnte.[197]

#### cc) Interesse des Karteninhabers und Kunden

Schließlich erfährt auch der Karteninhaber durch eine vom Valutaverhältnis unabhängige Zahlungsverpflichtung der Bank keine Schlechterstellung im Vergleich zur sonst erforderlichen Barzahlung. Zahlt der Käufer nämlich bar, so müßte er seine Gegenrechte – notfalls gerichtlich – selbst geltend machen. Auch beim POS-Zahlungsverfahren bleibt es ihm unbenommen, das Geld vom Händler zurückzuverlangen, falls die Bank ohne Rücksicht auf seine Einwendungen gezahlt hat.

Zusammenfassend bleibt daher festzustellen, daß die Bank dem Händler unabhängig vom Bestehen und der Beschaffenheit der Schuld des Karteninha-

---

[197] Siehe dazu oben § 4 (S. 25f.).

bers zur Zahlung verpflichtet sein will. Sie will nicht Mitschuldnerin einer Kaufpreisforderung oder einer Hotelrechnung werden und folglich nicht Mitschuldnerin der Verpflichtung des Karteninhabers sein, sondern von dieser unabhängig und selbständig Zahlung leisten. Schuldbeitritt scheidet daher aus.[198]

### *c) Selbstschuldnerische Bürgschaft*

Die vertragliche Verpflichtung der Bank in Form des Zahlungsversprechens könnte als selbstschuldnerische Bürgschaft gemäß §§ 765, 773 Abs. 1 BGB zu qualifizieren sein. Die Bank könnte sich verpflichtet haben, für die Kausalforderung des Händlers gegen den Karteninhaber einzustehen.

Da die Bürgschaft für die Bank ein Handelsgeschäft darstellt, bedarf sie gemäß § 350 HGB keiner Form, so daß ein Vertragsschluß auf „elektronischem Wege" nicht entgegensteht.

Die selbstschuldnerische Natur der Verpflichtung gemäß § 771 BGB, §§ 349, 351 HGB würde es dem Händler ermöglichen, unmittelbar die Bank in Anspruch zu nehmen. Die cessio legis des § 774 BGB gäbe überdies der zahlenden Bank neben der vertraglichen Vereinbarung eine zusätzliche Anspruchsgrundlage für den Rückgriff auf den Karteninhaber.

Die Bürgschaftsverpflichtung ist aber, auch wenn sie selbstschuldnerisch ausgestaltet ist, eine typische Form der Haftung für fremde Schuld.[199] Sie bezweckt die Sicherung einer anderen Forderung durch Übernahme einer Hilfsschuld.[200] In noch stärkerem Maße als beim Schuldbeitritt wäre sie von Entstehen, Bestand und Umfang der Verpflichtung des Karteninhabers abhängig (§ 767 BGB).[201] Zwar könnte die Bank als Bürgin auf die ihr nach § 768 BGB zustehenden Rechte verzichten,[202] wodurch die strenge Akzessorietät allerdings eingeschränkt oder gar aufgehoben[203] würde. Würde jedoch der Karteninhaber selbst Einreden geltend machen bzw. den Vertrag mit dem Händler anfechten, so entfiele zwangsläufig die Verpflichtung der Bank mangels zu sichernder Forderung.[204]

Eine solche Folgerung stünde aber – wie dargelegt – dem Willen der Beteiligten entgegen.

---

198 Vgl. für das herkömmliche Scheckkartenverfahren: Dütz, S. 192; Schaudwet, S. 10; Zöllner, Scheckkarte, S. 562; Zahrnt, Scheck, S. 259.

199 Soergel-Schmidt, Vor § 765 Rdnr. 5; Staudinger-Brändl, Vorbem § 765 Rdnr. 20.

200 Palandt-Thomas, Einf v § 765 Anm. 1)b).

201 Vgl. BGH DB, 1976,766.

202 BGH WPM 1963,1302 (1303); Palandt-Thomas, § 768 Anm. 2)c).

203 Soergel-Schmidt, vor § 765 Rdnr. 42; RGRK-Fischer, § 768 Anm. 6.

204 Auf die Akzessorietät kann insoweit nicht verzichtet werden.

Die Bank will dem Händler den autorisierten Betrag in jedem Fall bezahlen. Zum Rückgriff soll es aufgrund ihrer Verpflichtung gar nicht kommen. Der Händler will nämlich sein Geld auch dann von der Bank haben, wenn der Karteninhaber ihm gegenüber aufrechnet oder das Grundgeschäft anficht.

Das Zahlungsversprechen kann demnach nicht als selbstschuldnerische Bürgschaft qualifiziert werden.[205]

### *d) Garantievertrag oder abstraktes Schuldversprechen*

Soll das Zahlungsversprechen der Bank frei von jeder Akzessorietät sein, so kommen als Grundlage der Verpflichtung der Bank weiter entweder ein Garantievertrag oder ein abstraktes Schuldversprechen in Betracht.

Sowohl der Garantievertrag[206] als auch das abstrakte Schuldversprechen[207] begründen selbständige Verpflichtungen.

#### aa) Garantievertrag

Unter Berücksichtigung der Ziel- und Zwecksetzung des POS-Verfahrens könnte das Zahlungsversprechen als Garantievertrag zu qualifizieren sein.

Der Garantievertrag wird als einseitig verpflichtender Vertrag eigener Art verstanden, für den eine gesetzliche Regelung nicht besteht. Rechtsprechung und Lehre sehen in einem Garantievertrag das einem anderen gegenüber abgegebene Versprechen, für einen bestimmten Erfolg einzutreten oder die Gefahr eines künftigen noch nicht entstandenen Schadens zu übernehmen.[208]

Garantieobjekt kann auch eine Forderung sein (Forderungsgarantie), die dem Garantieempfänger gegen einen Dritten zusteht. Wird die Erfüllung der Schuld eines Dritten garantiert, haftet der Garant unabhängig vom Bestehen dieser Schuld, egal ob sie nicht entstanden oder später weggefallen ist.

Eine Garantie ist damit nicht akzessorisch.[209] Darin liegt der wesentliche Unterschied des Garantievertrages zum Schuldbeitritt und zur Bürgschaft:

Die Verpflichtung des Bürgen richtet sich inhaltlich nach der des Hauptschuldners. Sie erlischt, wenn die Hauptschuld erlischt; die Einreden des Hauptschuldners stehen auch dem Bürgen gemäß §§ 767, 768 BGB zu. Auch die Verpflichtung des Schuldbeitretenden, der aus demselben Schuldgrund haftet wie der Urschuldner, ist gegenstandslos, wenn die Hauptschuld nicht

---

205 Im Ergebnis ebenso: Bertrams, S. 967; Reiser, electronic cash, S. 8.

206 Müko-Pecher, Vor § 765 Rdnr. 3.

207 Palandt-Thomas, Einf v § 780 Anm. 1).

208 BGH WM 1960,18; Müko-Pecher, Vor § 765 Rdnr. 3; Larenz, SchRBT, § 62 III.

209 Müko-Pecher, a.a.O.; Staudinger-Horn, Vorbem zu §§ 765 - 778 Rdnr. 73.

besteht und mit dem zur Zeit des Beitritts bestehenden Einreden des Urschuldners behaftet ist.[210] Dagegen liegt ein Garantievertrag vor, wenn der Gläubiger die Leistung auf jeden Fall erhalten soll, auch dann, wenn die Hauptverbindlichkeit nicht besteht oder später weggefallen ist.[211]

Der Garantievertrag dient dem Zweck, dem Garantieempfänger das Risiko, das mit einem bestimmten Unternehmen verbunden ist, abzunehmen. Dies geschieht in der Weise, daß der Garant den Garantieempfänger schadlos halten soll, wenn dieser bei einem geschäftlichen Unternehmen einen Schaden erleidet, weil etwa ein nachteiliges Ergebnis eingetreten oder ein beabsichtigter Erfolg ausgeblieben ist. Der Garantieempfänger wird dann so gestellt, als ob der gewünschte Erfolg eingetreten oder der Schaden nicht entstanden wäre.[212]

Im Falle der Forderungsgarantie geht also die Verpflichtung des Garanten dahin, dem Gläubiger den Schaden zu ersetzen, den dieser durch den Nichteingang der Forderung erlitten hat.

*(1) Vergleich mit Scheckkarten- und Kreditkartenverfahren*

Ob es sich beim Zahlungsversprechen der Bank letztlich um einen Garantievertrag handelt, läßt sich möglicherweise durch Heranziehung von Zahlungssystemen ermitteln, die in ihren Funktionen verwandt sind.

Ähnlich in Funktion und Ausprägung sind das Scheckkarten- und das Kreditkartenverfahren. Wie das POS-Zahlungssystem[213], so dienen auch diese beiden Zahlungsverfahren[214]dem bargeldlosen Zahlungsverkehr. Die Zahlungs- bzw. Einlösungszusage beim Scheckkarten[215]- als auch beim Kreditkartenverfahren[216] werden von der wohl überwiegenden Aufassung als Garantievertrag qualifiziert.

---

[210] Vgl. oben § 6 E.IV.2.b) (S. 60f.).

[211] Vgl. Müko-Pecher, Vor § 765 Rdnr. 3.

[212] BGH WM 1968,682; Lieseke, S. 24; Palandt-Thomas, Einf v § 765 Anm. 3)c).

[213] Reiser, electronic cash, S. 4.

[214] Scheckkartenverfahren: Baumbach / Hefermehl, Anh Art. 4 SchG; Kreditkartenverfahren: Canaris, Bankvertragsrecht 1981, Rdnr. 1623.

[215] BGHZ 64,79/81; vgl. Canaris, Bankvertragsrecht 1988, Rdnr. 834, Bezler, S. 34ff.; Schaudwet, S. 10; Bülow, S. 343; Palandt-Thomas, Einf vor § 765 Anm. 3)c); a. A. Zöllner, Scheckkarte, S. 562f.

[216] Garantie auf erstes Anfordern: vgl. Stauder / Weisensee, S. 82ff.; Schönle, § 29 I,2a)(S. 344f.); Zahrnt, Kreditkarte, S. 1077,1079; Staudinger-Horn, Vorbem §§ 765 - 778 Rdnr. 120; a. A. Canaris, Bankvertragsrecht 1981, Rdnr. 1626; Hadding, S. 31.

(a) Das Scheckkartenverfahren

Sinn und Zweck des Scheckkartenverfahrens ist es, dem Schecknehmer, der eine vermögenswerte Leistung gegen Annahme eines Schecks erbringt, die Gewähr zu geben, daß die bezogene Bank den Scheck auch dann einlöst, wenn er nicht gedeckt ist. Dadurch kommt die Hingabe eines Scheckkartenschecks einer Zahlung mit Bargeld gleich.[217]

Die herrschende Lehre stützt sich bei der Einordnung der Einlösungsgewährleistung als Garantievertrag zwischen der bezogenen Bank und dem ersten Schecknehmer vor allem auf den Wortlaut der auf der Scheckkartenrückseite befindlichen Erklärung.[218]

Auf der Scheckkarte, aber auch in Ziffer 6 der ec-Karten-Bedingungen, heißt es ausdrücklich, daß die Bank die Zahlung des Scheckbetrages „garantiert“. Außerdem solle – dem eigentlichen Sinn und Zweck einer Garantie entsprechend – die Bank als Garant nur dann einspringen, wenn der garantierte Erfolg nicht eintrete.[219] Ein solcher Ausnahmefall sei zum Beispiel bei fehlender Deckung oder bei einer Sperre durch den Aussteller gegeben. Eine derartige subsidiäre Haftung entspreche daher gerade dem Wesen des Garantievertrages.[220]

(b) Das Kreditkartenverfahren

Beim Kreditkartenverfahren hingegen legt der Karteninhaber beispielsweise in einem Restaurant (dem Vertragsunternehmen) anstelle von Barzahlung die Kreditkarte vor. Das Vertragsunternehmen übermittelt dann den vom Karteninhaber unterschriebenen Belastungsbeleg, auf den die Daten der Kreditkarte durch einen Druckstempel übertragen worden sind, an den sogenannten Kartenherausgeber. Unter Abzug eines Disagios erhält das Vertragsunternehmen daraufhin die ihm zustehende Gegenleistung.[221]

Vertragliche Grundlage für die Vergütung ist ein zwischen dem Kartenherausgeber und dem Vertragsunternehmen geschlossener Rahmenvertrag. Bei „Eurocard“ heißt es dort beispielsweise, daß der Kartenherausgeber den Gesamtbetrag der Forderungen des Vertragsunternehmens gegen den Karteninhaber abzüglich der vereinbarten Gebühren zu vergüten hat.[222]

---

217 Baumbach / Hefermehl, Anh Art. 4 SchG Rdnr. 1.

218 Siehe nur Canaris, Bankvertragsrecht 1988, Rdnr. 834 und Schaudwet, S. 10; Dütz, S. 192.

219 Vgl. Larenz, SchRBT, § 62 III und Canaris, a.a.O.

220 Vgl. Canaris, a.a.O.

221 Vgl. Hadding, S. 17.

222 Siehe a.a.O., S. 27.

Die Vergütungspflicht des Kartenherausgebers ergibt sich dabei aus dem bloßen Abruf des Vertragsunternehmens unter gleichzeitiger Vorlage der Rechnungsbelege.[223] Diese Gestaltung der vertraglichen Beziehungen zwischen dem Kartenherausgeber und dem Vertragsunternehmen spricht jedoch nicht gegen die Annahme eines Garantievertrages. Eine Abweichung vom oben beschriebenen Normaltypus der Garantie, die Haftung des Garanten erst bei Eintritt von Schäden wirksam werden zu lassen, ist durchaus möglich.[224]

So ist beispielsweise die Bank bei der Garantie im Außenhandelsrecht verpflichtet, auf erstes Anfordern zu zahlen. Die Bank hat ohne jede materielle Prüfung, auf bloße Anforderung des Begünstigten hin, sofort und vorbehaltlos Zahlung zu leisten. Sämtliche Einreden und Einwendungen gegenüber dem Begünstigten sind abgeschnitten, sofern sie sich nicht aus dem Garantievertrag selbst ergeben.[225]

Eine derartige Vereinbarung ist nach dem Grundsatz der Privatautonomie ohne weiteres zulässig.[226]

*(2) Gegenüberstellung der Zahlungssysteme*

Sowohl das POS-Zahlungssystem als auch das Scheckkarten- und das Kreditkartensystem dienen alle dem bargeldlosen Zahlungsverkehr.[227] Den Einwendungsausschluß haben alle gemeinsam. Einwendungen aus Valuta- und Deckungsverhältnis kann die Bank nicht dem pos-betreibenden Händler[228] und dem Schecknehmer[229] sowie der Kartenherausgeber[230] beim Kreditkartenverfahren nicht dem Vertragsunternehmen entgegenhalten.

Aufgrund dieser Gemeinsamkeiten kommt in Anlehnung an die rechtliche Qualifizierung der Einlösungsverpflichtung der Bank beim Scheckkartenverfahren bzw. des Kartenherausgebers beim Kreditkartenverfahren eine rechtsdogmatische Einordnung des Zahlungsversprechens des Kreditinstituts beim POS-System in Betracht.

223 Schönle, § 29 I2.a)(S. 345).

224 Stauder / Weisensee, S. 84f.

225 Schönle, § 29 I,2 a)(S. 344f.).

226 Stauder / Weisensee, S. 84.

227 Siehe oben § 6 E.IV.2.d)aa)(1) (S. 65).

228 Zum POS-Verfahren siehe oben § 6 E.IV.2.b)bb) (S. 62).

229 Zum Scheckkartenverfahren: vgl. Baumbach / Hefermehl, Anh Art. 4 SchG Rdnrn. 10,11; Müko-Pecher, Vor § 765 Rdnr. 8.

230 Zum Kreditkartenverfahren: vgl. Hadding, S. 29; Schönle, § 29 I, 2a).

(a) POS- und Scheckkartenverfahren

Sowohl beim Scheckkartensystem als auch grundsätzlich beim POS-Verfahren ist die ec-Karte das einzusetzende Kartenmedium.

Die auf der Rückseite der ec-Karte befindliche „Garantie"-erklärung, die das Scheckkartenverfahren betrifft, deutet bereits von ihrem Wortlaut[231] auf einen Garantievertrag hin. Diese Auslegung des Begriffs Garantie wird noch gestützt durch Ziffer 6 Abs. 1 der ec-Bedingungen, welche überschrieben ist mit „Garantie für den eurocheque" und „Zustandekommen der Garantie".

Beim POS-Verfahren hingegen heißt es nicht, die Bank garantiere die Zahlung, sondern es gibt das kartenausgebende Kreditinstitut gegenüber dem Händler ein Zahlungsversprechen ab.[232] Die bereits angeführten ec-Bedingungen folgen dem. Der Begriff „Garantie" wird nicht verwendet.

In der für das POS-Verfahren maßgeblichen Bestimmung der ec-Bedingungen[233] heißt es unter der Überschrift „Zahlungsverpflichtung des Kreditinstituts": „Das kartenherausgebende Kreditinstitut ist gegenüber den Betreibern von ... POS-Kassen verpflichtet, die Beträge, über die unter Verwendung der ec-Karte verfügt worden ist, an die Betreiber zu vergüten".

Die Tatsache, daß für das POS-Verfahren der Ausdruck „Zahlungsversprechen" und nicht „Garantie" benutzt wird, besagt allein noch nichts über die Rechtsnatur der Zahlungszusage, da dieser Begriff häufig bloß als synonymer Ausdruck für Gewährleistung o. ä. verwendet wird.[234]

Vorliegend ist aber zu beachten, daß sowohl das Scheckkarten- als auch das POS-Verfahren von Bankjuristen ausgearbeitet und ausgestaltet worden sind.[235] Wenn nun in ein- und denselben ec-Bedingungen lediglich im Rahmen der Scheckkartenverfahrens der Begriff „Garantie" verwendet wird, so läßt das darauf schließen, daß die Banken beim POS-Verfahren gerade kein Garantieversprechen im rechtlichen Sinne zugunsten des Händlers abgeben wollen.

Materiellrechtliche Unterschiede zeigen sich bei der Betrachtung, wer grundsätzlich – neben dem Schuldner bzw. Karteninhaber – für eine Verpflichtung gegenüber dem Händler einzustehen hat.

Beim Scheckkartenverfahren wird die Garantie der Bank für den Fall vereinbart, in dem die Bank den Scheck ohne Scheckkartenverfahren nicht einlösen würde, insbesondere aber das Guthaben des Ausstellers nicht ausreicht

---

231 Zur Indizwirkung des Wortlauts: s. Palandt-Thomas, Einf v § 765 Anm. 3)c).

232 Vgl. Ziffer 10 des Händlervertrages.

233 Vgl. Ziffer 7 Abs. 3 der ec-Bedingungen.

234 Vgl. Palandt-Thomas, Einf v § 765 Anm. 3)c).

235 So auch Canaris, Bankvertragsrecht 1988, Rdnr. 834; vgl. Schaudwet, S. 10 und Damrau, S. 200.

oder er den Scheck widerrufen hat. Die Bank kommt dann dem Regreß des Schecknehmers gegenüber dem Aussteller gemäß Art. 40 ff. ScheckG zuvor.[236] Daraus ergibt sich, daß es sich bei dem Scheckaussteller und Karteninhaber um den eigentlichen Verpflichteten handelt. Wenn die Bank Zahlung leistet, so geschieht dies gemäß Ziffer 6 Abs. 1 der ec-Bedingungen „... für Rechnung des Kontoinhabers". Die Bank selbst trifft eine Art Ausfallhaftung für Ausnahmefälle, in denen sie den Scheck nicht einlösen würde. Für eine derartige subsidiäre Haftung ist gerade der Garantievertrag der angemessene Typus.[237]

Im Rahmen des POS-Systems läßt sich aus Ziffer 10 des Händlervertrages entnehmen, daß „das kartenausgebende Institut gegenüber dem Händler ein Zahlungsversprechen abgibt".

Ob damit eine vorrangige Haftung des kartenausgebenden Instituts vor der des Karteninhabers begründet werden soll, wird bei Einbeziehung von Ziffer 11 des Händlervertrages deutlicher. Danach zieht der Händler die POS-Umsätze über seine Hausbank vom kartenausgebenden Institut ein. Das kann nur bedeuten, daß das kartenausgebende Institut unmittelbar und (zunächst) nicht der Karteninhaber für die POS-Umsätze einzustehen hat.

Diese Deutung wird gestützt durch die ec-Bedingungen der Banken. Wie oben bereits angeführt,[238] hat das kartenausgebende Kreditinstitut die Beträge, die unter Verwendung der ec-Karte verfügt worden sind, an den Händler zu vergüten.[239]

Eine Regelung wie Ziffer 6 Abs. 1 der ec-Bedingungen für das herkömmliche Scheckkartenverfahren fehlt für das POS-Zahlungssystem. Nach Ziffer 6 leistet nämlich das Kreditinstitut Zahlung für Rechnung des Kontoinhabers. Im Umkehrschluß läßt sich daraus entnehmen, daß die Banken beim POS-Zahlungssystem nicht für Rechnung des Kontoinhabers, sondern (zunächst) für eigene Rechnung Zahlung leisten.

Die Bank trifft somit anders als beim Scheckkartenverfahren eine eigene, vorrangige Zahlungsverpflichtung gegenüber dem Händler. Das Kreditinstitut soll eben nicht nur haften, wenn der Karteninhaber ausfällt, sondern für jede Verfügung des Karteninhabers Zahlung leisten. Der Karteninhaber soll erst mittelbar im Wege der Auslagenerstattung verpflichtet sein.

Diese Reihenfolge der Haftung ist gerade umgekehrt als bei einer echten Garantie, bei welcher der Garant erst nach Ausfall des Garantienehmers vom Garantiebegünstigten in Anspruch genommen werden soll.[240]

---

[236] Bülow, S. 343.

[237] Siehe nur Canaris, Bankvertragsrecht 1988 Rdnr. 834.

[238] Ziffer 7 Abs. 3 der ec-Bedingungen.

[239] Siehe die Ausführungen von Reiser, electronic cash, S. 8.

[240] a.a.O.; Müko-Pecher, Vor § 765 Rdnr. 3.

(b) POS- und Kreditkartenverfahren

Das dem Händler gegenüber abzugebende Zahlungsversprechen der kartenausgebenden Bank, könnte aber in Anlehnung an die Zahlungsverpflichtung des Kartenherausgebers beim mit dem POS-Zahlungssystem verwandten Kreditkartenverfahren als Garantie einzuordnen sein.

Wie die kartenausgebende Bank beim POS-Verfahren dem Händler gegenüber für die Zahlung des verfügten Betrages einsteht, übernimmt der Kartenherausgeber gegenüber dem Vertragsunternehmen eine Gewährleistung. Rechtsgrundlage ist ein Rahmenvertrag zwischen dem Kartenherausgeber und dem Vertragsunternehmen, in dem es beispielsweise heißt, daß „der Kartenherausgeber den Gesamtbetrag der Forderungen des Vertragsunternehmens gegen die Karteninhaber abzüglich der vereinbarten Gebühren zu vergüten hat".[241] Es handelt sich dabei um eine allgemeine Zahlungszusage, wohingegen beim POS-Verfahren ein Zahlungsversprechen für jede einzelne Transaktion zu geben ist.

Für die Bestimmung der Rechtsnatur des Zahlungsversprechens spielt dieser Umstand jedoch keine Rolle. Ähnlich wie beim POS-Verfahren hat vorrangig der Kartenherausgeber Zahlung an das Vertragsunternehmen zu leisten. Der Kunde und Karteninhaber ist erst mittelbar im Wege der Erstattung von Auslagen zur Zahlung verpflichtet.[242]

Soweit bei dieser Konstellation die Zahlungszusage des Kartenherausgebers als „Garantie auf erstes Anfordern"[243] qualifiziert wird,[244] kann dem jedoch weder gefolgt, noch diese Einordnung für das POS-Zahlungssystem übernommen werden.[245]

Auch eine „Garantie auf erstes Anfordern" bleibt in ihrem Kern eine Garantie. Das bedeutet, daß der Garant nur subsidiär und in Ausnahmefällen einzuspringen hat. Nur soll der Begünstigte den Eintritt des Garantiefalls nicht materiell nachweisen müssen, sondern sich mit der bloßen Behauptung begnügen dürfen, dessen Voraussetzungen lägen vor.[246] Dieser formale Nachweis könnte beim Kreditkartenverfahren in der Vorlage des einwandfrei unterschriebenen Belastungsbelegs beim Kartenherausgeber zu sehen sein. Beim POS-Zahlungssystem könnte dieser Nachweis durch Eingabe und Übermittlung der Autorisierungsdaten (PIN, Verfügungsbetrag etc.) über das POS-Terminal erfolgen.[247] In beiden Fällen ist aber die gleichzeitige Behauptung erforderlich, der Garantiefall sei auch tatsächlich eingetreten.[248]

---

241 So bei Eurocard: vgl. Hadding, S. 27.

242 Hadding, S. 31; Canaris, Bankvertragsrecht 1981, Rdnr. 1630.

243 Siehe hierzu Müko-Pecher, Vor § 765 Rdnr. 10.

244 Stauder / Weisensee, S. 82ff.; Zahrnt, Kreditkarte, S. 1077,1079.

245 A.A. Bertrams, S. 967.

246 Canaris, Bankvertragsrecht 1988, Rdnr. 1125.

Wie oben festgestellt, fehlt es sowohl beim Kreditkartenverfahren als auch beim POS-Zahlungssystem an einer Konstellation, die rechtlich als Garantiefall eingeordnet werden kann. Bei beiden Zahlungssystemen sollen primär der Kartenherausgeber bzw. die Bank Zahlung an das Vertragsunternehmen bzw. den Händler leisten. Das soll generell und nicht etwa ersatzweise nur dann gelten, wenn der garantierte Erfolg (Zahlung des Kunden) nicht eintritt. Insoweit ist die Reihenfolge der Haftung gerade umgekehrt wie bei der Garantie.[249]

Zusammenfassend bleibt festzustellen, daß das Zahlungsversprechen der Bank gegenüber dem Händler – unter Berücksichtigung der Einordnung von Einlösungszusagen verwandter Zahlungsverkehrssysteme – nicht als Garantie zu qualifizieren ist.

### bb) Das abstrakte Schuldversprechen

Das Zahlungsversprechen der kartenausgebenden Bank könnte jedoch als abstraktes Schuldversprechen im Sinne von § 780 BGB einzustufen sein.

Das abstrakte Schuldversprechen und der Garantievertrag unterscheiden sich nach dem Inhalt der von dem Schuldner übernommenen Leistungspflicht.[250] Derjenige, der ein Schuldversprechen im Sinne von § 780 BGB abgibt, verpflichtet sich, das Versprochene selbst zu leisten. Dagegen übernimmt der Garant lediglich eine Einstandspflicht. Er schuldet den Leistungserfolg nicht selbst, sondern übernimmt die Verbindlichkeit, das Interesse des Garantieempfängers für den Fall abzudecken, daß der Schuldner die versprochene Leistung nicht erbringt.[251]

Wie oben dargelegt, ist für den Händler, der dem Karteninhaber gegenüber auf Barzahlung verzichtet, entscheidend, daß er eine gleichwertige Sicherheit als Ersatz bekommt. Diesem berechtigten Interesse des Händlers wird am ehesten nachgekommen, wenn er gegenüber der Bank des Karteninhabers einen rechtlich eigenständigen Zahlungsanspruch erhält.[252] Die Rechtsfigur des Schuldversprechens wird damit auch insofern dem erkennbaren Willen der Bank gerecht, als sie dem Händler selbst für den durch den Karteninhaber verfügten Betrag einstehen und nicht nur im Falle fehlender Kontodeckung für den Karteninhaber im Rahmen einer Ausfallhaftung eintreten will.[253]

---

247 So Bertrams, S. 967.

248 Canaris, Bankvertragsrecht 1988, Rdnr. 1125.

249 Vgl. Reiser, electronic cash S. 8; Hadding, S. 31.

250 HM, vgl. statt vieler Larenz, SchRBT, § 62 III; Soergel-Schmidt, vor § 765 Rdnr. 29ff.

251 BGHZ 74,244 = NJW 1979,1500; BGH WM 1980,1285 und s. o. § 6 E IV.2.d)aa) (S. 64f.).

252 Hadding, S. 31; Reiser, electronic cash, S. 8.

253 Siehe oben § 6 E.IV.2.b)bb) (S. 62).

Wichtig ist dabei, daß der Händler mit der jeweils bezogenen Bank einen bonitätsmäßig einwandfreien Schuldner erhält.

Darüber hinaus ermöglicht eine Einordnung des Zahlungsversprechens als Schuldversprechen, daß der Händler den Karteninhaber als Vertragspartner behält. Dem Händler bleibt damit zum Beispiel der ursprüngliche Kaufpreisanspruch erhalten.[254] Das Risiko der Zahlungsfähigkeit des Karteninhabers trägt jedoch, den Interessen der Beteiligten entsprechend, die kartenausgebende Bank und nicht der Händler.

#### *e) Ergebnis*

Das Zahlungsversprechen der Bank ist somit unter Berücksichtigung der von den Parteien getroffenen Abreden und der bestehenden Interessenlage als abstraktes Schuldversprechen zu qualifizieren.[255]

### 3. Technisch unabdingbare Voraussetzungen des abstrakten Schuldversprechens

Will ein Kunde am POS-Terminal des Händlers mittels ec-Karte elektronisch bezahlen, so kommt nicht allein aufgrund der Autorisierungsanfrage[256] des Händlers ein Schuldversprechen mit der Bank zustande. Um ein wirksames Schuldversprechen erhalten zu können, muß der Händler verschiedene technische Voraussetzungen erfüllen.

Zunächst muß es sich bei der POS-Kasse, von der aus die Autorisierungsanfrage übermittelt werden soll, um ein von den Banken zugelassenes Gerät handeln.[257] Weiterhin ist erforderlich, daß das Kassenterminal den POS-Richtlinien entsprechend betrieben wird.[258] Hervorzuheben ist hier insbesondere die zwingend vorgeschriebene Ausstattung der Kasse mit einem auf den Händler personalisierten ec-Zahlungssystemmodul (ZSM).[259] Damit ist gewährleistet, daß nur derjenige Händler ein Zahlungsversprechen zu seinen Gunsten erhalten kann, der zuvor einen entsprechenden Händlervertrag mit der GZS geschlossen hat. Dritte, mit denen die GZS eine Teilnahme am POS-System nicht vereinbart hat, können infolgedessen keine Zahlungszusage erwirken. Ihnen fehlt das auf sie personalisierte ec-Zahlungssystemmodul.

---

[254] Hadding, S. 32; Reiser, electronic cash, S. 8.

[255] So auch Reiser, a.a.O., S. 8f.; a.A. Bertrams S. 967; Petring, S. 67ff.

[256] Zum Zahlungsvorgang an der POS-Kasse und Autorisierung s. § 3 A. (S. 18f.).

[257] Ziffer 10 i.V.m. Ziffer 2 des Händlervertrages (Zulassungszertifikat und genehmigtes Bedienerhandbuch müssen vorliegen).

[258] Ziffern 10 und 4 des Händlervertrages i.V.m. den POS-Richtlinien.

[259] Zum ZSM s. § 3 B.II. (S. 21f.) und Ziffer 2 der POS-Richtlinien.

Darüber hinaus sind am POS-Terminal nur Karten einsetzbar, die vom Kreditgewerbe für die Verwendung im POS-Zahlungsverfahren zugelassen sind.[260]

Bei sämtlichen vorgenannten Bestimmungen handelt es sich jedoch nicht um rechtliche Voraussetzungen. Fehlt es an einem dieser technischen Erfordernisse, kann nämlich eine Autorisierung erst gar nicht erfolgen. Soweit vertreten wird, daß „das ordnungsgemäße Betreiben der POS-Kasse und die Autorisierung der jeweiligen Verfügung“[261] bzw. die „vertragsgemäße Benutzung der ec-Karte“[262] als eine aufschiebende Bedingung des Zahlungsversprechens im Sinne von § 158 Abs. 1 BGB anzusehen ist, muß dem widersprochen werden. Technisch unabdingbare Voraussetzungen machen die Rechtswirkungen eines Geschäfts von unausbleiblichen und in ihrem Zeitpunkt feststehenden Ereignissen abhängig. Es handelt sich dabei „lediglich“ um sogenannte notwendige und nicht um rechtliche Bedingungen im Sinne von § 158 BGB.[263]

### 4. Form

Der Wirksamkeit des Zahlungsversprechens nach §§ 780, 125 BGB stehen keine Bedenken gegenüber. Die Schriftform erübrigt sich nach § 350 HGB wegen der Kaufmannseigenschaft der Kreditinstitute.

### 5. Geltung und Ende des Zahlungsversprechens

Nach Ziffer 10 des Händlervertrages kann der Händler sein bei Vorliegen der bisher behandelten Voraussetzungen entstandenes Forderungsrecht gegen die kartenausgebende Bank wirksam nur geltend machen, wenn er die festgelegte Einreichungsfrist beachtet.

Die Pflicht zur Zahlung durch die kartenausgebende Bank besteht demzufolge nicht unbegrenzt fort. Vielmehr steht die sich aus dem Zahlungsversprechen ergebende Verpflichtung unter der auflösenden Bedingung (§ 158 Abs. 2 BGB), daß der POS-Umsatz dem Inkassoinstitut innerhalb von acht Tagen eingereicht wird.[264] Reicht der Händler den POS-Umsatz nicht innerhalb dieser Frist ein, so endet die Zahlungsverpflichtung der Bank.

Fraglich ist, ob diese in Ziffer 10 Abs. 1 des Händlervertrages vereinbarte Einreichungsfrist mit § 9 AGBG vereinbar ist. Unvereinbar und damit

---

[260] Ziffern 4 und 8 des Händlervertrages.

[261] So Reiser, electronic cash, S. 9.

[262] Bertrams, S. 967 ohne nähere Begründung.

[263] Vgl. Staudinger-H.Dilcher, Vorbem zu §§ 158 Rdnr. 24; Erman-W.Hefermehl, Vor § 158 Rdnr. 7.

[264] Für aufschiebende Bedingung gemäß § 158 Abs. 1 BGB: Reiser, electronic cash, S. 9.

unwirksam ist eine Regelung, die den Vertragspartner des Verwenders von Allgemeinen Geschäftsbedingungen entgegen den Geboten von Treu und Glauben in unangemessener Weise benachteiligt.

Eine unangemessene Benachteiligung des jeweiligen Händlers könnte hier darin zu sehen sein, daß dem Händler die Einreichung der Tages-POS-Umsätze innerhalb des kurzen Zeitraumes von acht Tagen auferlegt wird, um die Zahlungsansprüche gegen die kartenausgebenden Institute nicht zu verlieren.

Die Banken haben ein besonderes Interesse an der kurzen Frist, denn sie wollen das von ihnen gegenüber den Händlern abgegebene Zahlungsversprechen nicht zu einem Kreditmittel werden lassen.[265] Schließlich soll mit dem POS-Zahlungssystem, ähnlich wie bereits mit dem Schecksystem, lediglich der bargeldlose Zahlungsverkehr ermöglicht und erleichtert werden. Aus diesem Grund regelt beispielsweise Art. 29 Abs. 1 SchG ausdrücklich, daß ein Scheck, der in dem Lande der Ausstellung zahlbar ist, binnen acht Tagen vorgelegt werden muß. Auch der garantierte (Scheckkarten-)Scheck ist innerhalb von acht Tagen vorzulegen, wie der Rückseite der ec-Karte zu entnehmen ist.[266]

Das Hauptinteresse des Kreditgewerbes, das sich hinter der Regelung der Ziffer 10 Abs. 1 des Händlervertrages verbirgt, ist es, den Banken in einem kurzen Zeitraum die Feststellung einer mißbräuchlichen Verwendung der ec-Karte und einer eventuellen Kontoüberziehung zu ermöglichen.[267] Wird an POS-Terminals nämlich mit einer Chipkarte verfügt, so übernimmt das kartenausgebende Institut nur in einer geringen Anzahl von Fällen die Autorisierung.[268] Mißbräuchliche Verfügungen (mit gesperrten Karten) und ungenehmigte Kontoüberziehungen können dann oft erst entdeckt werden, wenn der betroffene Händler die POS-Umsätze über seine Hausbank zum Inkasso gibt. Könnte der Händler sich für die Einreichung der POS-Umsätze mehrere Wochen Zeit lassen, so könnten mißbräuchliche Verfügungen über einen entsprechend langen Zeitraum unentdeckt bleiben. Ist der Händler aber verpflichtet, die POS-Umsätze innerhalb einer Frist von acht Tagen einzureichen, so kann die kartenausgebende Bank bei einem Kartenmißbrauch früher reagieren und entsprechende Karten- bzw. Kontosperren installieren.

Für den Händler ist eine Frist von acht Tagen auch nicht unangemessen kurz, denn er ist aufgrund der Scheckvorlegungsfristen an eine kurzfristige Bearbeitung seiner Tages(-Scheck)-umsätze gewöhnt. Er hat seinen Geschäftsbetrieb darauf eingestellt, Schecks möglichst noch am selben Tag seiner

---

265 Vgl. zum Scheckverfahren: Baumbach / Hefermehl, Art. 29 SchG Rdnr. 2.

266 Baumbach / Hefermehl, Anh Art. 4 SchG Rdnr. 7; Zahrnt, Die Sicherheit der Scheckeinlösung, S. 60.

267 Vgl. zum Scheckverfahren Zahrnt, a.a.O.

268 Siehe oben § 3 B.IV.(S. 22f.).

Bank zum Einzug zu geben. Wie beim Scheck, so hat der Händler auch beim POS-Umsatz eine naheliegendes Interesse, daß der Gegenwert möglichst bald seinem Konto gutgeschrieben wird.

Unter Berücksichtigung der beiderseitigen Interessen benachteiligt die in Ziffer 10 des Händlervertrages geregelte Einreichungsfrist den Händler nicht in unangemessener Art und Weise. Die Bestimmung ist daher mit § 9 AGBG vereinbar und somit wirksam.

### 6. Stornorecht

Ziffer 10 Abs. 2 des Händlervertrages gibt dem Händler die Möglichkeit, das kartenausgebende Kreditinstitut wieder aus der Zahlungsverpflichtung (Zahlungsversprechen gegenüber dem Händler) zu entlassen.

Durch Stornierung des autorisierten POS-Umsatzes endet die Verpflichtung des Kreditinstituts. Der Betrag, welcher in der Umsatzdatei des POS-Kassenterminals zwischengespeichert worden ist[269], wird wieder gelöscht.

Praktisch wird diese Möglichkeit in folgenden Fällen:

- Der vom Kunden und Karteninhaber zu zahlende Betrag ist falsch (zu hoch) in die Kasse des Händlers eingegeben worden.
- Der Kunde möchte unmittelbar nach dem Kauf von dem ihm eingeräumten Umtauschrecht Gebrauch machen, weil er sich beim Auswählen der Ware „vergriffen" hat.
- Eine Ware ist mangelhaft und der Kunde begehrt Wandelung oder Minderung.

Die Möglichkeit der Korrektur steht dem Händler nur in zeitlich begrenztem Rahmen zur Verfügung. Nach Ziffer 7 der POS-Richtlinien dürfen die in der POS-Kasse gespeicherten Umsätze noch nicht durch „Kassenschnitt" einer bestimmten Kontoverbindung zugeordnet worden sein. Nicht notwendig ist, daß die Zahlungsverkehrsdaten bereits dem vom Händler ausgewählten Inkassoinstitut übermittelt worden sind. Allein nach Abschluß der POS-Umsatzdatei im Speicher der POS-Kasse endet die Stornierungsmöglichkeit für den Händler.[270]

Nach Kassenschnitt kann der POS-Zahlungsvorgang also nicht mehr rückgängig gemacht werden. Der Händler muß dann seinem Kunden den fraglichen Betrag bar auszahlen oder mittels Scheck oder Überweisung zur Erstattung bringen.[271]

---

[269] Vgl. Ziffer 6 Abs. 1 der POS-Richtlinien.

[270] Siehe Ziffern 7, 6 Abs. 1 u. 2 der POS-Richlinien.

[271] Vgl. Reiser, electronic cash, S. 9.

Eine Stornierung kann in jedem Fall nur im Einvernehmen mit dem Karteninhaber erfolgen.[272]

Rechtlich ist die Möglichkeit der Stornierung durch den Händler im Verhältnis zum Kreditinstitut als einseitiges Gestaltungsrecht zu werten, welches seine Grundlage im Händlervertrag hat.[273]

### 7. Umfang des Zahlungsversprechens

Die Zahlungsverpflichtung ist ihrer Höhe nach grundsätzlich nicht begrenzt. Hier unterscheidet sich die ec-Karte nämlich von ihrer Verwendung in Verbindung mit dem eurocheque. Die Garantie für einen eurocheque ist begrenzt auf einen Betrag in Höhe von zur Zeit 400,– DM.[274]

Wird die ec-Karte im Rahmen des POS-Verfahrens eingesetzt, hängt die Höhe des verfügbaren Betrages von der Autorisierung selbst ab. In der letzten Ausbaustufe des POS-Systems (Autorisierung am Konto) bestimmt dann ausschließlich die Bonität des jeweiligen Kunden den verfügbaren Betrag. Hat der Kunde ein größeres Guthaben oder verfügt er über ein entsprechendes Kreditlimit, so sind von der Betragshöhe her Umsätze möglich wie beim Kreditkartenverfahren.

Ist die technische Entwicklung bei einzelnen Institutsgruppen noch nicht so weit fortgeschritten, daß eine „Autorisierung am Konto" möglich ist, so wird mit Verfügungshöchstbeträgen gearbeitet.[275]

### 8. Mängel im Valuta- und Deckungsverhältnis

Die Akzeptanz des POS-Zahlungssystems durch die Händler wird nicht zuletzt davon abhängen, ob und gegebenenfalls welche Einwendungen das Kreditinstitut dem Zahlungsverlangen des Händlers entgegensetzen darf. Kann sich der Händler beim POS-Verfahren der Bezahlung nicht genau so sicher sein, wie dies bei Entgegennahme eines Scheckkartenschecks oder der Akzeptierung einer Kreditkarte der Fall ist, so wird dem POS-Zahlungssystem keine Barzahlungsersatzfunktion zukommen.[276]

---

[272] Ziffer 7 des Händlervertrages.

[273] Vgl. Canaris, Bankvertragsrecht 1988, Rdnrn. 447ff. und Schönle, § 32 III zum Stornorecht der Banken im Verhältnis zwischen Empfängerbank und Überweisungsempfänger.

[274] Baumbach / Hefermehl, Anh Art. 4 SchG Rdnr. 3.

[275] Laut Auskunft der Dresnder Bank vom 15.7.1989 beträgt der Verfügunsrahmen dort für den Einsatz der einzelnen ec-Karte an POS-Kassen maximal wöchentlich 3000,– DM.

[276] Siehe dazu die Ausführungen § 6 E.IV.2.b)aa) (S. 61f.).

Wie oben bereits festgestellt[277], kann die kartenausgebende Bank gegenüber dem Händler keine Einwendungen geltend machen, die sich aus dem Valuta- oder Deckungsverhältnis ergeben. Das widerspräche dem Zweck des POS-Zahlungsverfahrens. Von diesen Risiken soll der Händler durch die Abstraktheit des von der Bank abgegebenen Schuldversprechens befreit werden.[278]

### *a) Mängel im Valutaverhältnis*

Die Bank kann sich ihrer Zahlungsverpflichtung nicht durch Einwände entziehen, der Händler habe nicht- oder schlecht erfüllt.[279] Auf ein Nichtbestehen oder Erlöschen der Valutaschuld kann sich die Bank nicht berufen. Mängel des Valutaverhältnisses sollen grundsätzlich zwischen den Vertragsparteien, nämlich dem Händler und seinem Kunden, dem Karteninhaber, ausgeglichen werden. Einwendungen aus diesem Rechtsverhältnis durch die kartenausgebende Bank wären unzulässige Einwendungen aus der Rechtsbeziehung zu einem Dritten.[280] Andernfalls könnte sich der Händler seiner Forderung nicht sicher sein. Er müßte immer befürchten, daß Dritte (z.B. die Bank) die Durchsetzung seines Anspruches verzögern oder verhindern könnten. Bei Barzahlung hingegen würde er den Gegenwert sofort erhalten. Bestünden Einwendungen ihm gegenüber zurecht, so müßte der Kunde seinerseits versuchen, den bereits gezahlten Betrag – gegebenenfalls auf dem Klagewege – zurückzuerlangen.

### *b) Mängel im Deckungsverhältnis*

Die Abstraktheit des Schuldversprechens hat ebenfalls zur Folge, daß die kartenausgebende Bank dem Händler gegenüber nicht einwenden kann, ihr Rechtsverhältnis zum Karteninhaber sei – zum Beispiel wegen Geschäftsunfähigkeit[281] – nichtig, das Girokonto des verfügenden Karteninhabers weise keine Deckung auf[282] bzw. die eingesetzte Karte sei gesperrt.

---

277 Vgl. a.a.O.

278 Vgl. zum Scheckkartenverfahren Baumbach / Hefermehl, Anh Art. 4 SchG Rdnrn. 10f., Dütz S. 191; zum Kreditkartenverfahren Canaris, Bankvertragsrecht 1981, Rdnrn. 1642ff.

279 Vgl. zum Scheckkartenverfahren Baumbach / Hefermehl, Anh Art. 4 SchG Rdnr. 11; Dütz, S. 191; zum Kreditkartenverfahren siehe Hadding, S. 33.

280 Vgl. zum Scheckkartenverfahren Baumbach / Hefermehl, Anh Art. 4 SchG Rdnr. 11.

281 Vgl. zur mißbräuchlichen Verwendung der Zahlungskarte bei Geldausgabeautomaten: Werner, S. 85.

282 Vgl. Dütz, S. 191.

Gerade das Risiko der Zahlungsunfähigkeit und der Auffindbarkeit des Karteninhabers soll dem Händler durch die Autorisierung abgenommen werden.[283]

Die Bank kann durch Autorisierung oder Nichtautorisierung eines POS-Umsatzes verhindern, daß der Karteninhaber Verfügungen außerhalb seines Guthabens bzw. genehmigten Kreditlimits trifft. Kartensperren werden insoweit ebenfalls berücksichtigt. Befindet sich eine zu sperrende Karte noch nicht in der sogenannten Sperrdatei, mit der Folge, daß ein mit ihr ausgelöster POS-Umsatz genehmigt wird, so ist dieser Umstand dem Organisationsbereich und der Risikosphäre der Bank zuzuordnen.[284]

Die Bank kann sich dem Händler gegenüber nicht auf derartige Umstände berufen.

### 9. Mißbräuchliche Verwendung der Karte

Für den Händler ist weiterhin von besonderer Bedeutung, inwieweit die Bank ihm gegenüber einwenden kann, am POS-Terminal sei eine Karte mißbräuchlich verwendet worden.

Wird über Mißbrauchsfälle gesprochen, so geht es meist um einen möglichen Einsatz gefälschter, verfälschter, gestohlener oder „entliehener“ Karten. Dazu ist jedoch sogleich zu bemerken, daß bisher weder ein Einsatz von gefälschten noch von verfälschten Karten bekannt geworden ist.[285] Gestohlene oder „entliehene“ Karten wurden – soweit ersichtlich – bisher auch noch nicht im POS-Zahlungssystem verwendet. Doch haben bereits eine Anzahl der zuletzt genannten Fälle (Einsatz gestohlener oder „entliehener“ Karten) im Zusammenhang mit dem Geldausgabeautomatengeschäft die Gerichte befaßt. Dabei ging es im wesentlichen um die Frage, ob der Kontoinhaber selbst mit seiner Karte Geld abgehoben hat oder dies durch einen unbefugten Dritten geschehen ist.[286] Der technische Ablauf eines Zahlungsvorgangs am POS-Terminal ist mit einer Auszahlung am Geldausgabeautomaten vergleichbar: Um unbefugt über das Konto des Berechtigten verfügen zu können, sind Karte

[283] Vgl. Canaris, Bankvertragsrecht 1981, Rdnr. 1644f.

[284] Vgl. Werner, S. 85.

[285] Zu Fragen der Sicherheit des POS-Systems im einzelnen unten § 6 H.5.b)aa)(3)(S. 114f.).

[286] OLG Celle NJW RR 1986,42f. = WuB I D 5 – 1.85; LG Lüneburg WM 1985, 914 - 916; AG St. Wendel WM 1986,1472f.; AG Nürnberg NJW 1987,660 = WuB I D 5 – 3.87; LG Saarbrücken NJW 1987,2381f. = WuB I D 5 – 2.88; LG Wuppertal NJW 1988,500; AG Saarbrücken NJW 1987,963f. = WuB I D 5. – 5.87; LG Heidelberg WuB I D 5. – 3.88; AG Frankfurt WM 1988,1446f. = WuB I D 5. – 4.88; AG Bochum WM 1988,1629f. = WuB I D 5. – 1.89; LG Duisburg WM 1989, 181 - 183; AG Aschaffenburg WM 1989,213f.; AG Aschaffenburg WM 1989,1165f.

und Kenntnis der PIN erforderlich. Insoweit ist beim POS-System mit ähnlichen Risiken zu rechnen.[287]

Auch wenn die Frage bisher noch nicht „praktisch" geworden ist, soll hier zunächst untersucht werden, inwieweit die Bank dem Händler für mißbräuchliche Verfügungen mittels gefälschter oder verfälschter Karten einzustehen hat.

Auszugehen ist dabei von Ziffer 10 in Verbindung mit Ziffern 4 und 8 des Händlervertrages. Ziffer 4 verpflichtet den Händler, die POS-Kasse nur mit „zugelassenen Karten" zu betreiben. Versucht man den Erklärungsinhalt des Begriffes „zugelassene Karte" zu ermitteln[288], so kommt man zu dem Ergebnis, daß darunter wohl weder (nachgemachte) Kartenduplikate noch verfälschte Karten zu verstehen sind. Der Begriff „zugelassene Karte" meint hingegen eine echte, bankemittierte, gültige Karte. Gefälschte und verfälschte Karten sind jedoch unecht und ungültig.[289]

Es fragt sich, ob dem Händler gegenüber damit nur in dem Fall ein Zahlungsversprechen abgegeben werden soll, in dem eine echte Karte am POS-Terminal eingesetzt worden ist. Möglicherweise wollen die Banken aber auch dann dem Händler gegenüber ein Zahlungsversprechen erklären, wenn unter Einsatz einer ungültigen Karte verfügt wurde.[290]

Beim Geldausgabeautomatensystem haben die beteiligten Kreditinstitute in Ziffer 3 Abs. 2 der Richtlinien[291] und Ziffer 11 der GAA-Vereinbarung[292] festgelegt, daß sich die Einlösungspflicht der kartenausgebenden bzw. betroffenen[293] Kreditinstitute auch auf verfälschte oder vollständig gefälschte ec-Karten sowie auf eine sonstige mißbräuchliche Verwendung von ec-Karten bezieht. Kommt es danach bei einem automatenbetreibenden Institut, welches der GAA-Vereinbarung angeschlossen ist, zu einer Verfügung unter Einsatz ungültiger Karten bzw. echter Karten durch Unbefugte, so würde dennoch ein Vergütungsanspruch gegenüber dem kartenausgebenden bzw. im Datensatz der Karte genannten Kreditinstitut entstehen. Das Kreditinstitut

---

[287] Blaurock, S. 564.

[288] Siehe zur Auslegung Palandt-Heinrichs, § 133 Anm. 3.

[289] Vgl. zur Kreditkarte: Stauder / Weisensee, S. 88.

[290] Zur Frage, inwieweit eine Verfügung mittels gefälschter oder verfälschter Karte unter Berücksichtigung der Sicherheitseinrichtungen überhaupt möglich erscheint, siehe Jörn, POS S. T1 und ders., Geldautomat S. T1 und unten § 6 H.5.b)aa)(3) (S. 114f.).

[291] Richtlinien für das institutsübergreifende Geldausgabeautomaten-System: abgedruckt bei Canaris, Bankvertragsrecht 1988, Rdnr. 527 bb.

[292] Vereinbarung für das institutsübergreifende Geldausgabeautomaten-System: abgedruckt bei Canaris, Bankvertragsrecht 1988, Rdnr. 527 aa.

[293] Kreditinstitute, deren Bankleitzahl im Datensatz des Magnetstreifens einer gefälschten oder verfälschten Magnetkarte enthalten sind.

kann nicht etwa einwenden, der Geldausgabeautomat sei mißbräuchlich benutzt worden.[294]

Das POS-Vertragswerk selbst enthält bisher lediglich in Ziffer 13 S. 1 der POS-Vereinbarung eine Regelung, die sich mit der mißbräuchlichen Verwendung von Plastikkarten befaßt. Dort heißt es: „Wurden gefälschte oder verfälschte ec-Karten oder andere in Anlage 1 aufgeführte Karten verwendet, so bezahlt das im Datensatz der Lastschrift benannte Kreditinstitut die Forderung des Unternehmens."

Fraglich ist, ob der Händler damit im Mißbrauchsfall einen sicheren, direkten Zahlungsanspruch gegen das jeweils betroffene Kreditinstitut erhält.

Die POS-Vereinbarung selbst bindet unmittelbar nur die Vertragspartner, nämlich die Spitzenverbände der deutschen Kreditinstitute und die Bundespost. Da aber die Vertragsparteien im Auftrage und im Interesse der ihnen angeschlossenen, kartenausgebenden Kreditinstitute handeln,[295] kommt in der Regelung der Ziffer 13 der POS-Vereinbarung auch deren Wille zum Ausdruck.

Berücksichtigt man weiterhin, daß in der vorgenannten Regelung im Zusammenhang mit der Regulierung von Mißbrauchsfällen von „Forderungen des Unternehmers (Händlers)" gesprochen wird, so muß davon ausgegangen werden, daß die betroffenen Kreditinstitute nicht eine kulanzweise Regelung im Auge haben, sondern sich dem Händler gegenüber rechtlich in der Pflicht sehen. Würde man die POS-Vereinbarung und damit auch den Willen der am POS-Verfahren beteiligten Kreditinstitute in anderer Richtung interpretieren, entspräche das weder ihrem Interesse noch dem des Handels an einem verkehrstauglichen POS-Zahlungssystem, welches eine breite Akzeptanz finden soll.

Entscheidend aber ist, daß der Händler selbst kaum Möglichkeiten hat, Karten, die an seinem POS-Terminal eingesetzt werden, als „echt" oder „unecht", als gefälscht oder verfälscht zu identifizieren. In den meisten Fällen wird er bzw. sein Personal die einzusetzende Karte – anders als beim herkömmlichen Scheck- und Kreditkartenverfahren – nicht zu Gesicht bekommen. Nur wenn der Händler die Karte selbst in die Hand nimmt und diese von ihrem äußeren Erscheinungsbild her offensichtlich von den „echten" Karten abweicht, könnte eine Fälschung oder Verfälschung registriert werden.

Allein das POS-Terminal in Verbindung mit dem integrierten Zahlungssystemmodul und die Autorisierungszentrale sind technisch in der Lage, „unechte" Karten als solche zu erkennen und abzuweisen.[296] Damit ist die

[294] Vgl. Werner, S. 85.
[295] Siehe oben § 6 C. (S. 38ff.).
[296] Siehe Reiser, electronic cash, S. 16.

Autorisierung einer POS-Verfügung von Prüfungsmechanismen abhängig, die allein vom Kreditgewerbe vorgegeben und überprüfbar sind. Dem Händler fehlt jegliche Einflußmöglichkeit. Aus diesem Grunde können die Ziffern 10, 4 und 8 des Händlervertrages vom Händler nur so zu verstehen sein, daß er mit Autorisierung einer POS-Verfügung an einem ordnungsgemäß betriebenen, zugelassenen Kassenterminal ein beständiges Zahlungsversprechen erhält. Insofern ist unter einer „zugelassenen Karte" im Sinne der Ziffer 4 eine vom Autorisierungssystem akzeptierte Karte zu verstehen.[297]

Keine Probleme ergeben sich darüber hinaus bei der Frage, wer für Verfügungen mittels „entliehener" bzw. gestohlener Karten einzustehen hat. Da es sich hierbei ohnehin um „echte", von den jeweiligen Banken ausgegebenen Karten handelt, wird das kartenausgebende Kreditinstitut durch eine Autorisierung dem Händler gegenüber verpflichtet.

Der erkennbare Wille der am POS-Verfahren teilnehmenden Banken geht somit dahin, den Händlern gegenüber auch bei mißbräuchlicher Verwendung ein beständiges Zahlungsversprechen abzugeben. Nimmt der Händler das kartenausgebende bzw. im Datensatz der Karte genannte Kreditinstitut aus dem Zahlungsversprechen in Anspruch, so kann es nicht einwenden, der Kunde habe eine gefälschte oder verfälschte Karte eingesetzt oder er habe unter Benutzung einer echten Karte unbefugt verfügt.[298, 299]

### 10. Fehlerhafte Autorisierungserklärung des Kreditinstituts und ihre Anfechtbarkeit

Beim Abschluß eines Vertrages können Fehler auftreten. Sind einzelne Willenserklärungen mängelbehaftet, so bieten die §§ 119 ff. BGB die Möglichkeit, diese Erklärungen – bei Vorliegen der entsprechenden Voraussetzungen – im Wege der Anfechtung zu beseitigen. Das gilt grundsätzlich auch bei der Abgabe eines Schuldversprechens gemäß § 780 BGB. Insofern ergeben sich aus der Abstraktheit keine Besonderheiten.[300]

Fraglich ist jedoch, ob auch ein Schuldversprechen, das in Form einer automatisierten Willenserklärung abgegeben wird, den Anfechtungsregeln unterliegt.

---

297 Im Interesse der Rechtssicherheit und -klarheit wäre eine der Ziffer 3 der GAA-Richtlinien entsprechende Regelung in den POS-Richtlinien oder im Händlervertrag wünschenswert.

298 Gemäß Ziffer 13 der POS-Vereinbarung werden Schäden, deren Übernahme einem einzelnen angeschlossenen Kreditinstitut nicht zugemutet werden kann, zwischen den Vertragspartnern ausgeglichen. Näheres wird durch einen zu bildenden Arbeitsstab bzw. die Vertragspartner geregelt.

299 Siehe zum Geldausgabeautomaten Bieber, S. 8, Werner, S. 85f.

300 Staudinger-P.Marburger, § 780 Rdnr. 18; Palandt-Thomas, § 780 Anm. 5).

Automatisierte Erklärungen können in gleicher Weise fehlerhaft sein wie natürliche Willenserklärungen. Dabei können etwaige Mängel verschiedene Ursachen haben:

- Die Erklärung wird durch Benutzung fehlerhafter Daten und Programme verfälscht.
- Eingabe bzw. Bedienung sind fehlerhaft.[301]
- Daten werden von außen manipuliert.

Die Zurechenbarkeit solcher, inhaltlich mangelhafter Erklärungen kann nicht darauf gestützt werden, der Betreiber der Computeranlage gleiche demjenigen, der eine Urkunde in bewußter Unkenntnis ihres Inhalts unterzeichne.[302] Da er bei Erstellung der Weisung zur Datenverarbeitung die Vorstellung hat, daß bestimmte Daten nach bestimmten Programmen „richtig" verarbeitet werden, liegt wiederum der Vergleich zur Blankounterzeichnung einer Urkunde, die gleichfalls nur eine Ermächtigung zu ihrer Ausfüllung nach bestimmten Kriterien darstellt, näher.[303] Hier ist anerkannt, daß der Blankounterzeichner die Erklärung anfechten kann, wenn sich der Ausfüllende in einem nach § 119 BGB beachtlichen Irrtum befunden hat.[304] Gleiches muß für Fehlvorstellungen und Fehlhandlungen von Hilfspersonen bei der Programm- und Dateneingabe gelten. Damit ist auch grundsätzlich die Anfechtbarkeit automatisierter Erklärungen zu bejahen.[305]

Das kartenausgebende Kreditinstitut ist folglich zur Anfechtung einer von ihr abgegebenen Autorisierungserklärung berechtigt, sofern im Einzelfall ein entsprechender Anfechtungsgrund besteht.

### *a) Daten- und Programmfehler*

Eine (positive) Autorisierungserklärung kann infolge falschen Datenmaterials bzw. fehlerhafter Programme unberechtigt zustande kommen. Werden beispielsweise POS-Umsätze autorisiert, weil das Verfügungslimit des Karteninhabers fälschlicherweise als zu hoch gespeichert ist (Datenfehler), oder obwohl sich die betreffende Karte in der Sperrdatei befindet (Programmfehler), so weicht der Wille der Bank vom Resultat der Datenverarbeitung ab.

Es handelt sich dabei nicht um Fälle eines Erklärungsirrtums, die nach § 119 Abs. 1 BGB zur Anfechtung berechtigen würden. Die Bank als Anlagenbe-

---

301 Köhler, S. 134.

302 Vgl. Müko-Kramer, § 119 Rdnr. 39.

303 Vgl. Köhler, S. 135; ihm folgend Friedmann, S. 36.

304 Müko-Kramer, § 119 Rdnr. 43 (Fn 91); Soergel-Hefermehl, § 119 Rdnr. 16; Staudinger-Dilcher, § 119 Rdnr. 19.

305 Köhler, S. 135; so auch Friedmann, S. 36.

treiberin geht hier bei Abgabe der Erklärung durch die EDV-Anlage irrtümlich davon aus, daß die im Vorfeld (der später abzugebenden Erklärung) erfolgte Programmierung des Computers nebst erforderlicher Dateneingabe fehlerfrei erfolgt ist. Die Anlagenbetreiberin legt mithin (falsche) Umstände zugrunde, die für den Geschäftswillen bedeutsam sind. Ein derartiger Irrtum betrifft das Stadium der Willensbildung und beeinflußt das Vorfeld der Willenserklärung, nämlich den Willensentschluß.[306]

Infolgedessen handelt es sich um unbeachtliche Motivirrtümer.[307]

### b) *Fehlerhafte Eingabe oder Bedienung*

Die Kreditinstitute speichern in der Regel für ihre Kunden in den Rechenanlagen sogenannte Verfügungslimite. Das geschieht zur Vereinfachung des täglichen Geschäftsablaufs. Kontobelastungen brauchen dann nicht in Abhängigkeit vom jeweils aktuellen Kontostand genehmigt zu werden.

Im Einzelfall ist jedoch auch eine Autorisierung „am Konto" möglich. Das geschieht in der Weise, daß Mitarbeiter der Bank einen vom Händler angefragten POS-Umsatz anhand des derzeitigen Kontostandes bzw. Kreditlimits „gut geben" bzw. „negativ melden". Wird beim Eingabevorgang durch „Vertippen" ein „negativ zu meldender" POS-Umsatz irrtümlich gutgesagt, so handelt es sich um einen Fehler, der unverändert in das Datenverarbeitungsergebnis (Autorisierung) Eingang findet. Es liegt ein Irrtum in der Erklärungshandlung vor, der gemäß § 119 Abs. 1, 2 Fall BGB zur Anfechtung berechtigt.[308]

Hat der Händler auf die Gültigkeit und Rechtmäßigkeit der Autorisierung vertraut, so steht ihm gemäß § 122 BGB gegenüber der kartenausgebenden und autorisierenden Bank ein Schadensersatzanspruch zu.

### c) *Mißbräuchlicher Eingriff in den Entscheidungsablauf*

Unbefugte haben verschiedentlich versucht, durch technische Manipulationen von Geldausgabeautomaten an Bargeld zu gelangen. Aufgrund dieser Erfahrungen erscheint es möglich, daß auch das POS-System entsprechenden Angriffen ausgesetzt sein könnte. Diese Befürchtung gilt um so mehr, als sich die POS-Terminals – anders als die Geldausgabeautomaten, die in der Regel in einem Vorraum der Banken aufgestellt sind – im ausschließlichen Zugriffsbereich des Händlers befinden. Ein Händler könnte so – gewissermaßen ungestört – versuchen, durch Datenmanipulation an den Sicherheitseinrichtungen

---

[306] Vgl. Paefgen, Btx, S. 51.

[307] Siehe Köhler, S. 135; Friedmann, S. 36 f; Larenz AT, § 20 II (S. 371); Medicus AT, Rdnr. 256 (S. 101).

[308] Köhler, S. 136; Friedmann, S. 37; Staudinger-Dilcher, vor § 116 Rdnr. 8.

des Systems vorbei ein Zahlungsversprechen einer Bank zu erhalten. Käme es infolge eines derartigen Eingriffs zu einer unberechtigten Autorisierung durch die Bank, so könnte dem betroffenen Kreditinstitut ein Anfechtungsrecht gemäß § 123 Abs. 1 BGB zustehen.

Für die Anwendbarkeit von § 123 BGB ist grundsätzlich Voraussetzung, daß eine Person Adressat einer Täuschungshandlung ist, denn begrifflich kann nur ein Mensch durch Täuschung in die Irre geleitet werden. Übermittelt nun der pos-betreibende Händler im Zusammenhang mit einer Autorisierungsanfrage falsche bzw. manipulierte Informationen, so erreichen diese als elektronische Daten die EDV-Anlage des kartenausgebenden Kreditinstituts. Der Computer der Bank reagiert auf diese elektronische Autorisierungsanfrage ihrer Programmierung entsprechend. Auf der Grundlage des manipulierten Datenmaterials fertigt die EDV-Anlage eine Autorisierungsantwort, die sodann an den anfragenden Händler übermittelt wird. Während des gesamten Vorganges wird unmittelbar keine Person tätig, so daß in der Tat fraglich ist, ob § 123 BGB Anwendung finden kann.

Bei natürlicher Betrachtungsweise erscheint der Anlagenbetreiber als der Getäuschte, da die infolge einer Täuschung fehlerhaft erstellte automatisierte Erklärung letztlich als seine (echte) Willenserklärung angesehen wird. Die Bank, welche die EDV-Anlage betreibt, dokumentiert nämlich durch den tatsächlichen Einsatz des Computers, daß sie sich das Ergebnis des einzelnen Datenverarbeitungsvorganges zurechnen lassen will. Dabei geht die Anlagenbetreiberin allerdings davon aus, daß die Dialogpartner (Händler) unmanipulierte Daten übersenden. In diesem Bewußtsein setzt die Bank ihre EDV-Anlage ein und bekundet damit global durch Einsatz und Betrieb der Anlage ihr Einverständnis mit sämtlichen einzelnen Erklärungen, die durch ihren „quasi verlängerten Arm“[309], den Computer, abgegeben werden.

Wenn nun allerdings bewußte Falschinformationen seitens des Händlers die Grundlage für die mit Hilfe der EDV-Anlage abzugebende Willenserklärung (Autorisierungsantwort) der Bank bilden, bedeutet die Übermittlung dieser Falschinformationen eine Irreleitung der Bank als Anlagenbetreiberin. Das Kreditinstitut wird in dem (fortdauernden) Bewußtsein getäuscht, ihrem Computer würden unmanipulierte Daten zur Verfügung gestellt.

Entscheidend ist letztlich, daß das Vertrauensverhältnis zum anderen Vertragspartner – dem Händler – durch das deliktische, für das Resultat kausale Einwirken des Kontrahenten grob verletzt worden ist.[310] Das Vertrauensverhältnis ist aber bei einer Datenmanipulation genauso beeinträchtigt und der Händler erscheint genausowenig schutzwürdig wie bei einer Täuschung im herkömmlichen Sinn.

---

[309] Vgl. Redeker, S. 2392.

[310] Larenz, AT, S. 387ff.

Da die Autorisierungsantwort täuschungsbedingt verfälscht wird, läßt sich auch ein Kausalzusammenhang zwischen der „unlauteren Beeinflussung" und dem Resultat des Entscheidungsprozesses bei der elektronischen Datenverarbeitung ohne weiteres feststellen.[311] Dem Anlagenbetreiber ist daher das Recht zuzusprechen, die fehlerhafte Erklärung gemäß § 123 BGB zu vernichten.[312]

Ist also eine absichtliche Datenmanipulation durch den Händler für das Zahlungsversprechen kausal gewesen, so kann die Bank gemäß § 123 Abs. 1 1. Fall BGB anfechten.

### 11. Aufrechnungseinwand

Grundsätzlich kann sich das Kreditinstitut auf solche Einwendungen berufen, die sich auf die unmittelbare Rechtsbeziehung zum Händler stützen. Normalerweise bestehen aber zwischen dem bezogenen Kreditinstitut und dem pos-kassenbetreibenden Händler keinerlei Verbindungen, es sei denn, Händler und Karteninhaber unterhielten ihr Konto bei ein und demselben Kreditinstitut. Steht in einem solchen Fall dem in Anspruch genommenen Kreditinstitut seinerseits eine Forderung gegen den Zahlung begehrenden Händler zu, so kann insoweit aufgerechnet werden.[313]

In Höhe der aufgerechneten Forderung ist dann die Forderung des Händlers erloschen.

### 12. Rechtsmißbräuchliches Zusammenwirken von Händler und Karteninhaber

Haben sich der Karteninhaber und der Händler zusammengetan, um die kartenausgebende Bank unter Ausnutzung des POS-Systems zu schädigen, so kann dieser Umstand dem Zahlungsbegehren des Händlers mit Erfolg entgegengehalten werden.[314]

Zu denken ist etwa an Fälle, in denen der (spätere) Karteninhaber unter falschen Angaben ein Konto eröffnet und sich eine Kreditlinie erschleicht. Nach Erhalt einer pos-tauglichen Karte begibt er sich zum Händler, um mit ihm gemeinsam über seinen POS-Terminal zum Vorteil beider ein Zahlungsversprechen der Bank zu erwirken. Liegt der angefragte Betrag innerhalb des

---

[311] Von der Crone, S. 83.

[312] Vgl. Friedmann, S. 39; Staudinger-H.Dilcher, Vorbem zu §§ 116 - 144 Rdnr. 8; von der Crone, S. 83; für eine analoge Anwendung: Viebcke, S. 114.

[313] H.M. für das Scheckkartenverfahren: vgl. nur Baumbach / Hefermehl, Anh Art. 4 SchG Rdnr. 16; für das Kreditkartenverfahren: Dütz, S. 111.

[314] Vgl. von der Crone, S. 68. Zum arglistigen Zusammenwirken zwischen Schecknehmer und Aussteller siehe Baumbach / Hefermehl, Anh Art. 4 SchG Rdnr. 16.

„Limits", so wird ein Zahlungsversprechen zustande kommen, obgleich keinerlei Waren- oder Dienstleistungsumsatz zugrunde liegt.

Wenn der Händler seinen Zahlungsanspruch gegenüber der Bank auf das so erworbene Zahlungsversprechen stützt, handelt er dabei gemäß § 242 BGB entgegen dem Grundsatz von Treu und Glauben. Die Ausübung des Rechts ist unzulässig, weil rechtsmißbräuchlich. Sie beruht einzig und allein auf seinem grob vertrags- und sittenwidrigen Verhalten.

Die aus dem Zahlungsversprechen in Anspruch genommene Bank kann sich gegenüber dem Händler auf den Wegfall des Anspruches berufen.[315]

## F. Das Rechtsverhältnis zwischen dem Karteninhaber und dem Händler

### I. Die Verpflichtung des Händlers

Das Rechtsverhältnis zwischen Karteninhaber und Händler – das sogenannte Valutaverhältnis – kann ganz unterschiedlicher Art und Natur sein.

Der Einsatz des POS-Systems soll nicht etwa auf einzelne Branchen beschränkt sein. Von Seiten der Banken gibt es in diesem Punkt keinerlei Restriktionen. So können Händlerverträge beispielsweise mit Einzelhändlern, Tankstellenbetreibern, Hoteliers, Inhabern von Restaurants, Friseurbetrieben etc. geschlossen werden. Insoweit sei darin erinnert, daß der Begriff des „Händlers" für jeden steht, der sich im Rahmen des Händlervertrages zur Teilnahme am POS-System verpflichtet.[316] Das gilt somit unabhängig von der durch den „Händler" angebotenen Art der Leistung. Zwischen dem posbetreibenden Händler und dem Karteninhaber als seinem Kunden kann es dementsprechend zum Abschluß von Kauf-, Werklieferungs-, Werk- oder Mischverträgen kommen.

Derzeit muß der Händler noch mehrere tausend Mark für einen POS-Terminal aufwenden und darüber hinaus die entstehenden Leitungsgebühren an die Deutsche Bundespost entrichten.[317] Das hat zur Folge, daß sich vorwiegend kapitalkräftige Einzelhandelsunternehmen, Supermärkte, Kaufhäuser und auch Mineralölunternehmen (Tankstellen) zur Teilnahme am POS-System entschließen werden. Eine Vielzahl von Kassenumsätzen lassen dort eine entsprechende Nutzung der POS-Terminals erwarten. Infolgedessen ist in

---

[315] Vgl. BGHZ 57, 111; Müko-Roth, § 242 Rdnr. 255; Erman-W.Sirp, § 242 Rdnr. 80; Palandt-Heinrichs, § 242 Anm. 4)C)a).

[316] Siehe oben § 3 A. (S. 18).

[317] Siehe oben § 4 (S. 25f.). Die Kostensituation wird sich für den Händler mit der Verbreitung des POS-Zahlungssystems verbessern.

der derzeitigen Entwicklungsphase des deutschen POS-Zahlungsverfahrens (noch) der Kaufvertrag der zwischen Händler und Karteninhaber am häufigsten vereinbarte Vertragstypus.

Aus § 433 Abs. 1 BGB ergibt sich dann für den Händler die Verpflichtung, die Ware bzw. den Kaufgegenstand an den Kunden zu übergeben und ihm das Eigentum zu verschaffen.

## II. Die Rechte und Pflichten des Karteninhabers

Der Kunde ist im Gegenzug gemäß § 433 Abs. 2 BGB zur Entrichtung des vereinbarten Kaufpreises verpflichtet.

Der Kaufpreis ist grundsätzlich bar zu zahlen, denn es handelt sich vorliegend um eine Geldschuld, die durch Zahlung von Geld in inländischer Währung zu erfüllen ist.[318]

Für den Verkäufer besteht nur die Pflicht zur Annahme von gesetzlichen Zahlungsmitteln, die kraft staatlicher Anordnung angenommen werden müssen. Dies sind nur die von der deutschen Bundesbank ausgegebenen Banknoten und die vom Bund ausgegebenen Scheidemünzen bis zu einem Münzwert von 20 DM.[319]

Daraus ergibt sich, daß der Verkäufer grundsätzlich nicht verpflichtet ist, eine POS-Zahlung zu akzeptieren. Am POS-Terminal wird nämlich gerade kein Bargeld übertragen.

Darüber hinaus ist der Kaufpreis wegen § 271 Abs. 1 BGB auch sofort zu begleichen.[320] Mit Zahlung am POS-Terminal erhält der Verkäufer aber zunächst nur ein Schuldversprechen der kartenausgebenden Bank.[321] Den Gegenwert des Kaufes muß der Verkäufer erst auf dem Inkassowege einziehen und seinem Konto gutschreiben lassen.

Nach allem wäre der POS-Karteninhaber darauf angewiesen, daß sich der Händler im Einzelfall bereit erklärt, anstelle von Barzahlung auch die elektronische Zahlung am POS-Terminal zu akzeptieren. Anders verhielte es sich, wenn dem POS-Karteninhaber bereits aufgrund besonderer Vereinbarung ein Anspruch gegen den jeweiligen POS-Kassenbetreiber zustehen würde, abweichend von der grundsätzlichen Barzahlungsverpflichtung „elektronisch" zahlen zu dürfen.

---

318 Palandt-Putzo, § 433 Anm. 5)a)aa) und b).

319 Vgl. hierzu OLG Frankfurt NJW 1987,455 und Palandt-Heinrichs, §§ 244, 245 Anm. 1) und 2) mit Verweis auf § 14 Abs. 1 BBankG und Art. 2 MünzG; sowie Erman-Sirp, § 244 Anm. 2 und 3.

320 Palandt-Putzo, § 433 Anm. 5a)dd). Gilt auch für Vergütungsansprüche aus anderen Schuldverträgen; vgl. aber § 641 für den Werkvertrag.

321 Siehe oben § 6 E.IV.2.e) (S. 72).

### 1. Anspruch des Karteninhabers auf bargeldlose Zahlung am POS-Terminal

Ein Anspruch des Käufers und Karteninhabers auf bargeldlose Zahlung am POS-Terminal könnte sich hier aus Ziffer 1 Abs. 2 des Händlervertrages ergeben. Dort heißt es:

> „Das Unternehmen (= der Händler) wird Inhabern von nach diesem Vertrag zugelassenen Karten die bargeldlose Zahlung von Waren und Dienstleistungen an POS-Kassen zu Barzahlungspreisen und -bedingungen ermöglichen."

Unmittelbar gebunden bzw. berechtigt und verpflichtet durch diese Vereinbarung sind nur die Parteien des Händlervertrages, nämlich die GZS und der Händler selbst.

Möglich ist aber auch, daß die Vertragsparteien nicht nur sich selbst berechtigen und verpflichten wollen, sondern auch Dritten (den Karteninhabern) einen eigenen Anspruch aus dieser Vereinbarung einräumen möchten.[322] Dann würde es sich bei der Regelung der Ziffer 1 Abs. 2 des Händlervertrages um einen echten Vertrag zugunsten Dritter im Sinne von § 328 BGB handeln.[323]

Ob die GZS und der jeweilige Händler den Karteninhabern einen eigenen Anspruch auf elektronische Zahlung am POS-Terminal einräumen wollen, ist gemäß § 328 Abs. 2 BGB im Wege der Vertragsauslegung zu ermitteln. Neben dem Parteiwillen ist insbesondere der Zweck der Vereinbarung zu berücksichtigen (§§ 133, 157 BGB).[324]

Die Banken und Händler schaffen und betreiben das POS-Zahlungsverfahren, um die bargeldlose Zahlung zu erleichtern oder erst zu ermöglichen. Das wesentliche Ziel ist es, die aufwendige Bargeldentgegennahme und -bestandshaltung zu reduzieren. Auch die Anzahl der (ec-) Scheckzahlungen soll sich zugunsten der rationeller zu bearbeitenden POS-Zahlung verringern. Das läßt sich jedoch nur erreichen, wenn der POS-Karteninhaber sicher sein kann, daß er die bei POS-Kassenbetreibern getätigten Umsätze auch elektronisch am Terminal bezahlen darf. Muß er aber damit rechnen, daß der Händler ihn zurückweist und letztlich doch Bar- oder Scheckzahlung verlangt, so wird der Vertragszweck nicht erreicht werden können. Kunden würden dann – wie bisher – zu jedem Einkauf eine entsprechende Summe Bargeld bzw. Anzahl Eurocheques mitnehmen und damit auch bezahlen. Weiß der Karteninhaber hingegen, daß ein POS-Kassenbetreiber eine bargeldlose Zahlung am Terminal billigt, so wird er sich darauf einstellen und häufiger von der Möglichkeit

---

322 Zum vergleichbaren Problemkomplex beim Kreditkartenverfahren: Canaris, Bankvertragsrecht 1981, Rdnr. 1649; Hadding, S. 21ff.; Schönle, § 29 I 2.c).

323 Siehe Müko-Gottwald, § 328 Rdnr. 14.

324 a.a.O., § 328 Rdnr. 26.

Gebrauch machen. Die Mitnahme größerer Summen Bargelds und größerer Anzahl Schecks wird damit überflüssig.[325]

Die gewünschte Akzeptanz des POS-Zahlungssystems kann von den Vertragsparteien nur erreicht werden, wenn die in Ziffer 1 Abs. 2 des Händlervertrages formulierte „Bereitschaft, die bargeldlose Zahlung an POS-Kassen zu ermöglichen" als eine Verpflichtung des Händlers anzusehen ist. Nur dann ist gewährleistet, daß der Händler vom Karteninhaber nicht doch Barzahlung verlangen wird. Demnach ist Ziffer 1 Abs. 2 des Händlervertrages dahin auszulegen, daß jedem POS-Karteninhaber ein eigenes Recht im Sinne von §§ 328 ff. BGB zustehen soll.[326] Das bedeutet: Der POS-Karteninhaber hat gegen den Händler einen Anspruch auf Einverständnis mit der bargeldlosen Zahlung am POS-Terminal. In Abänderung der grundsätzlichen Barzahlungsverpflichtung kann der POS-Karteninhaber unmittelbar vom Händler verlangen, eine bestehende (Kaufpreis-) Schuld elektronisch und bargeldlos bezahlen zu dürfen. Damit geht der Anspruch gleichzeitig auch dahin, daß der Händler auf die sofortige Fälligkeit seiner Forderung zu verzichten hat. Die Fälligkeit der Vergütungsverpflichtung wird hinausgeschoben.

Der POS-Karteninhaber erhält also durch Ziffer 1 Abs. 2 des Händlervertrages letztlich das Recht, vom Händler den Abschluß eines Abänderungsvertrages über die Zahlungsmodalitäten mit vorgenanntem Inhalt verlangen zu können (Anspruch auf Abgabe einer Willenserklärung bestimmten Inhalts).

Zugleich wird der Karteninhaber vor einem „Kartenzuschlag" geschützt. Gemäß Ziffer 1 Abs. 2 des Händlervertrages darf der Preis des zu erwerbenden Kaufgegenstandes nicht höher sein, als dies bei einer Barzahlung der Fall wäre.[327] Insoweit unterscheidet sich die POS-Zahlung von der Scheckzahlung, die von einem zusätzlichen Entgelt abhängig gemacht werden darf.[328]

### 2. Kein Kontrahierungszwang

Das Schuldverhältnis zwischen Karteninhaber und Händler wird so durch die vertraglichen Vereinbarungen zwischen Händler und GZS beeinflußt. Die Rechtsposition des Karteninhabers wird gestärkt.

Der Anspruch des Karteninhabers, elektronisch zu Barzahlungsbedingungen zahlen zu dürfen, kann allerdings nicht bedeuten, daß der Händler damit

---

325 Vgl. für das Kreditkartenverfahren: Canaris, Bankvertragsrecht 1981, Rdnr. 1649.

326 So Canaris, a.a.O.; Weller, S. 110; Zahrnt, Kreditkarte, S. 1080 und Hadding, S. 22 zum herkömmlichen Kreditkartenverfahren; im Ergebnis auch Reiser, electronic cash, S. 7.

327 Reiser, electronic cash, S. 7, 15.

328 Schneider / Merkel, S. 124ff.

zum Vertragsschluß als solchem verpflichtet ist.[329] Die Abschlußfreiheit bleibt grundsätzlich unberührt. Der Händler bleibt völlig frei in seiner Entscheidung, wie, wann und mit wem er kontrahiert. Ein Vertragsschluß darf nur nicht deswegen abgelehnt werden, weil der Karteninhaber beabsichtigt, am POS-Kassenterminal zu zahlen.

### 3. Konfliktsituationen

Ebenso wie der Händler ist auch der Karteninhaber dem Risiko ausgesetzt, daß der Partner des Valutaverhältnisses seine Verpflichtungen nicht erfüllt. Da der Händler nach erfolgtem Einverständnis mit der POS-Zahlung an diese Zahlungsform gebunden ist, kann er versucht sein, die POS-Zahlung nicht zu akzeptieren, das heißt die Forderung des Karteninhabers auf Zahlung am POS-Kassenterminal zu übergehen.

Haben sich etwa ein Karteninhaber und ein Hotelier vorbehaltlos über die Anmietung eines Hotelzimmers geeinigt, so entsteht für den Karteninhaber zunächst die Verpflichtung, den Zimmerpreis sofort bar zu entgelten. Aufgrund der zugunsten des Karteninhabers bestehenden Regelung im Händlervertrag[330] kann dieser jedoch das Einverständnis des pos-betreibenden Hoteliers mit der bargeldlosen Zahlung am POS-Terminal verlangen. In der Vorlage der pos-tauglichen Karte liegt dann das Angebot des Inhabers, den bereits zustande gekommenen Vertrag über die Anmietung des Zimmers hinsichtlich der Zahlungsmodalität abzuändern. Weigert sich der Hotelier, den ihm angetragenen Änderungsvertrag (§ 305 BGB) zu schließen, indem er weiterhin Barzahlung fordert, verletzt er dadurch seine Pflicht zur „Akzeptierung der POS-Zahlung" gegenüber dem Karteninhaber (§ 328 Abs. 1 BGB)[331]. Indem der Hotelier dem POS-Karteninhaber gegenüber erklärt, das Hotelzimmer nur gegen Barzahlung überlassen zu wollen, macht er die Bewirkung seiner Leistung von einem unberechtigten Verlangen abhängig: Der POS-Karteninhaber ist zur Barzahlung nicht verpflichtet; der Hotelier darf diese Zahlungsform nicht verlangen. Das Verhalten des Hoteliers stellt eine positive Vertragsverletzung dar.

Macht ein Schuldner die Bewirkung der eigenen Leistung von einem unberechtigten Verlangen abhängig, so steht dies einer ernstlichen und endgültigen Erfüllungsverweigerung gleich.[332] Die Pflichtverletzung durch den Hotelier ist

---

[329] Reiser, electronic cash, S. 15; zum Kreditkartenverfahren: Canaris, Bankvertragsrecht 1981, Rdnr. 1649; Hadding, S. 22; anders aber Zahrnt, Kreditkarte, S. 1079 Fn. 26, 1080.

[330] Ziffer 1 Abs. 2 des Händlervertrages i.V.m. § 328 BGB

[331] Vgl. zum Kreditkartenverfahren Canaris, Bankvertragsrecht 1981, Rdnr. 1649; Hadding, S. 23.

[332] RGZ 171,301; BGH NJW 1953,1347; Erman-R.Battes, § 326 Rdnr. 32; Müko-Emmerich Vor § 275 Rdnr. 122.

eine den Vertragszweck gefährdende Vertragsverletzung; dem POS-Karteninhaber ist es nicht zumutbar, am zustande gekommenen Vertrag festgehalten zu werden. Der Karteninhaber ist zum Rücktritt vom Vertrag berechtigt.[333] Der Hotelier kann auch nicht etwa einwenden, der POS-Karteninhaber habe seinerseits die ihm obliegenden Vertragspflichten nicht erfüllt. Schließlich war der Karteninhaber ihm gegenüber gerade nicht zur Barzahlung verpflichtet.

Das Verschulden des Hoteliers ist angesichts der vertraglichen Pflicht zur Annahme der Karte prima facie gegeben.[334]

Unter den zuvor genannten Voraussetzungen ist neben dem Rücktritt auch ein Schadensersatzanspruch denkbar.[335] Entsteht dem Karteninhaber infolge der Nichtakzeptierung der Karte ein Schaden, etwa weil das Hotel des Vertragspartners das letzte freie Hotelzimmer bot und der Karteninhaber mit einer Taxe in die Nachbarstadt fahren mußte, so hat der Hotelier diesen Schaden zu ersetzen.[336]

Probleme können sich darüber hinaus ergeben, wenn der Händler sich weigert, mit einem Karteninhaber abzuschließen, der gleichzeitig mit Abgabe des Vertragsangebots seine Absicht mitteilt, bargeldlos zahlen zu wollen. Im Einzelfall kann dann die Feststellung schwierig sein, worauf die Ablehnung des Händlers letztlich zurückzuführen ist. Möglicherweise ist es die Person des Karteninhabers, die den Händler vom Vertragsschluß abhält. Ursache kann aber auch das Verlangen nach bargeldloser Zahlung am POS-Terminal sein.

Gerade bei Geschäften des täglichen Lebens ist es jedoch recht unwahrscheinlich, daß ein Händler einen Vertragsschluß mit einem Kunden ablehnt. Der erste Anschein spricht vielmehr dafür, daß Grund für die Weigerung allein der Wunsch des Karteninhabers nach elektronischer Zahlung ist. Insbesondere aus der Mineralölbranche ist bekannt, daß einzelne Tankstellenpächter eine Kreditkartenzahlung ihrer Kunden vertragswidrig aus Kostengründen ablehnen und auf Barzahlung bestehen. Ein POS-Zahlungsvorgang verursacht ebenfalls Kosten für den Händler. Diese Kosten sind zwar geringer als bei der Kreditkartenzahlung[337], belasten den Händler aber dennoch mehr als die Barzahlung.

---

[333] Vgl. Müko-Emmerich, Vor § 275 Rdnr. 142. Eine Kündigung des Mietvertrages aus wichtigem Grund (§ 553 BGB) käme erst nach Überlassung der Mietsache in Betracht: vgl. Erman-H.Schopp, § 553 Rdnr. 1; Palandt-Heinrichs, § 276 Anm. 7E)c).

[334] Vgl. zum Kreditkartenverfahren: Hadding, S. 22f.

[335] Vgl. Erman-R.Battes, § 276 Rdnr. 95.

[336] Vgl. zum Kreditkartenverfahren: Hadding, S. 23; Canaris, Bankvertragsrecht 1981, Rdnr. 1649.

[337] Die Kartenorganisation stellt dem Vertragsunternehmen ein Disagio von ca. 4% des Umsatzes in Rechnung: siehe Weller, S. 44. Ein POS-Umsatz kostet 0,2% des Umsatzbetrages plus 0,07 DM (ergibt bei einem Transaktionsbetrag von 40,– DM eine Gebühr von 0,15 DM) zzgl. Buchungs- und Postleitungsgebühren. Siehe BIK, Elektronisches Bezahlen, S. 10.

Nach den Regeln über den prima-facie-Beweis ist daher von einer Pflichtverletzung des Händlers auszugehen. Der Händler muß nun seinerseits nachvollziehbare Gründe dafür darlegen, daß jedenfalls nicht die beabsichtigte bargeldlose Zahlung die Ursache für seine Ablehnung war. Gelingt ihm das nicht, so hat er für den dem Karteninhaber entstandenen Schaden einzustehen.[338] Er hat nämlich schuldhaft die Verpflichtung zur Akzeptierung der POS-Zahlung gegenüber dem Karteninhaber (§ 328 BGB) verletzt. Hat ein Händler den Vertragsschluß abgelehnt, ohne den prima-facie-Beweis entkräften zu können, so ist er dem Karteninhaber im Falle eines Schadenseintritts ersatzpflichtig.[339]

### 4. Rechtliche Qualifikation und Rechtswirkung der Zahlungsabrede

Die Regelung der Ziffer 1 Abs. 2 des Händlervertrages hat zur Folge, daß der Händler gegenüber denjenigen Kunden, die eine pos-taugliche Karte besitzen und diese auch einsetzen wollen, keinen Anspruch auf Barzahlung hat. Verhält sich der Händler dieser Verpflichtung entsprechend, so wird er den jeweiligen Kunden und Karteninhabern die Möglichkeit einräumen, am POS-Kassenterminal elektronisch zu zahlen. Setzt der Kunde seine Karte am Terminal ein, um beispielsweise seine Kaufpreisschuld aus § 433 Abs. 2 BGB zu tilgen, so erhält der Händler auf elektronischem Wege ein „Zahlungsversprechen" der kartenausgebenden Bank. Damit tritt jedoch noch keine Erfüllung der Kaufpreisschuld ein, mit der Folge, daß diese erlischt. Erfüllung tritt erst in dem Augenblick ein, in dem der Händler eine der Erlangung von Bargeld gleichstehende Rechtsstellung erzielt.[340] Indem der Händler mit der Autorisierung des POS-Umsatzes einen Anspruch aus dem „Zahlungsversprechen" (§ 780 BGB) gegen die kartenausgebende Bank erhält, kann er darüber noch nicht wie über Bargeld verfügen. Das ist erst nach Gutschrift des Betrages auf seinem Konto möglich.

Die Vereinbarung zwischen Händler und Karteninhaber könnte beinhalten, daß das Zahlungsversprechen der Bank erfüllungshalber abgegeben werden soll.

Bei Beantwortung der Frage, ob eine Leistung erfüllungshalber oder aber an Erfüllungs Statt gewollt ist, hilft § 364 Abs. 2 BGB. Danach ist dann, wenn der Schuldner zum Zwecke der Befriedigung des Gläubigers diesem gegen-

---

338 Zu einem möglichen Schaden siehe oben S. 91.

339 Siehe oben Fn 336.

340 So Canaris, Bankvertragsrecht 1988, Rdnr. 771; Petring, S. 72 (73) nimmt Erfüllung nach § 362 BGB an, wobei der Erfüllungszeitpunkt durch die Gutschrift des Zahlungsbetrages auf dem Händlerkonto bestimmt sein soll.

über eine neue Verbindlichkeit übernimmt, im Zweifel nicht anzunehmen, daß er die Verbindlichkeit an Erfüllungs Statt übernimmt.

Für die Hingabe von Schecks[341] und von Belastungsbelegen im Rahmen des Kreditkartensystems[342] ergibt sich daraus, daß diese Zahlungsformen als Leistungen erfüllungshalber anzusehen sind. Wie bei der Scheck- und Kreditkartenzahlung erhält auch der Gläubiger (Händler) bei der POS-Zahlung neben der Forderung aus dem (Grund-) Schuldverhältnis eine weitere Forderung. Auch beim POS-Zahlungssystem ist nicht ersichtlich, daß der Händler die Forderung aus dem Schuldversprechen (§ 780 BGB), welche er mit der Autorisierung eines POS-Umsatzes erhält, anstelle einer Erfüllung der ursprünglichen Geldschuld annehmen will. Sein erkennbares Interesse ist eher gegenteiliger Natur, da – wie oben erwähnt – die Forderung aus einem Schuldversprechen eben keine mit der Barzahlung vergleichbare Sicherheit verschafft.

Die Verpflichtung des Händlers, die bargeldlose POS-Zahlung am POS-Terminal akzeptieren zu müssen, ist mithin so auszulegen, daß er das Zahlungsversprechen der Bank erfüllungshalber und nicht an Erfüllungs Statt erhält. Mit Vereinbarung der POS-Zahlung ist eine Stundung der ursprünglichen (Kaufpreis-) Forderung verbunden. Die zu tilgende Geldschuld von Karteninhaber (§ 433 Abs. 2 BGB) und kartenausgebendem Institut (§ 780 BGB) bleibt bis zur endgültigen Gutschrift des POS-Betrages auf dem Händlerkonto bestehen.[343]

### 5. Vertragsmängel, Leistungsstörungen

Da der Karteninhaber Vertragspartner des Händlers ist und er diese Stellung trotz der Zahlung des POS-Umsatzes (Kaufpreis) durch die kartenausgebende Bank beibehält, kann er jederzeit die ihm zustehenden Einwendungen erheben.

Das Schuldverhältnis kann beispielsweise unwirksam sein. Der Karteninhaber kann wirksam angefochten bzw. Gewährleistungsansprüche geltend gemacht haben oder vom Vertrag zurückgetreten sein. Es gelten dann die allgemeinen Regelungen des Gewährleistungsrechts oder es hat eine Rückabwicklung wegen ungerechtfertigter Bereicherung zu erfolgen.[344]

Mängel im Valutaverhältnis sind jedenfalls grundsätzlich zwischen den betroffenen Parteien, nämlich zwischen dem Händler und seinem Kunden

341 Allgm. Meinung: BGHZ 44, 179; 83, 101; Soergel-Zeiss, § 364 Rdnr. 8; Canaris, Bankvertragsrecht 1988, Rdnr. 769; Baumbach / Hefermehl, Einl SchG Rdnr. 19.

342 Zahrnt, Kreditkarte, S. 1080; Canaris, Bankvertragsrecht 1981, Rdnr. 1650; Hadding, S. 24.

343 Im Ergebnis ebenso: Reiser, electronic cash, S. 15.

344 Vgl. Canaris, Bankvertragsrecht 1981, Rdnr. 1651; Hadding, S. 25.

abzuwickeln.[345] Das wird in Ziffer 8 Abs. 2 der ec-Bedingungen noch einmal klargestellt. Dort heißt es: „Einwendungen und sonstige Beanstandungen des Karteninhabers, die das Vertragsverhältnis mit dem die POS-Kassen betreibenden Unternehmen (Händler) betreffen, sind unmittelbar gegenüber dem Unternehmen geltend zu machen."

Die ec-Kassen-Software bietet eine einfache Möglichkeit, bereits autorisierte POS-Umsätze wieder rückgängig zu machen. Umsätze können damit, so lange sie noch nicht durch „Kassenschnitt" einer Kontoverbindung zugeordnet worden sind, storniert werden.[346] Nach Ziffer 7 der POS-Richtlinien ist ein Einvernehmen zwischen dem Händler und dem Karteninhaber erforderlich. Der POS-Umsatz wird dann in der Umsatzdatei der POS-Kasse gelöscht.

Nach „Kassenschnitt" gelangt der autorisierte POS-Umsatz auf den Inkassoweg. Der Händler erlangt eine Gutschrift in Höhe des autorisierten Betrages. Hat der Händler die Zahlung erhalten, obwohl ihm kein entsprechender Anspruch gegen den Karteninhaber zusteht, so kann dieser unmittelbar von ihm die Rückgewähr der empfangenen Leistung verlangen. Der Händler muß den Gegenwert des autorisierten POS-Umsatzes an den Kontoinhaber bar auszahlen oder eine entsprechende bargeldlose Zahlungsweise wählen.[347]

## G. Das Rechtsverhältnis zwischen dem Händler und dem Inkassoinstitut

In der POS-Kasse des Händlers wird eine Umsatzdatei geführt, in der alle autorisierten POS-Umsätze nebst zugehörigen Zahlungsverkehrsinformationen elektronisch gespeichert werden.[348] Der Händler möchte nun möglichst schnell den Gegenwert dieser POS-Umsätze zur freien Verfügung erhalten. Um die einzelnen Umsätze von den jeweiligen (bezogenen) kartenausgebenden Kreditinstituten einzuziehen, hat der Händler eine Bank, das sogenannte Inkassoinstitut, einzuschalten. Welches Kreditinstitut diese Aufgabe übernehmen soll, ist in das Belieben des Händlers gestellt. Dies kann seine Hausbank, aber auch jedes andere Kreditinstitut sein. Erforderlich ist nur, daß der Händler mit dem/den gewünschten Kreditinstitut/en eine besondere Vereinbarung trifft, welche die Einziehung der POS-Umsätze von den kartenausgebenden Kreditinstituten zum Gegenstand hat. Ziffer 11 Abs. 1 S. 2 des Händlervertrages verweist darauf insoweit lediglich klarstellend, denn dieser Teil der Zahlungsverkehrsabwicklung ist nicht Gegenstand des Händlervertrages.

---

345 Siehe oben § 6 E.8.a) (S. 77).
346 Siehe oben § 6 E.6. (S. 75f.).
347 Siehe oben a.a.O. und vgl. Reiser, electronic cash, S. 9.
348 Ziffer 6 Abs. 1 der POS-Richtlinien.

Die Inkassovereinbarung stellt eine Zusatzabrede zu einem (bereits bestehenden) Girovertrag dar. Sie ist als solche mit der Abrede über die Einziehung von Schecks verwandt. Wie diese ist sie als auf eine Dienstleistung gerichtete Geschäftsbesorgungsvereinbarung im Sinne von § 675, 611 BGB zu qualifizieren.[349]

Bereits im Händlervertrag[350] und in den dazugehörigen POS-Richtlinien[351] sind Rahmenregelungen für die Abwicklung des Inkassos festgelegt worden. Der Händler ist verpflichtet, diese Regelungen in die von ihm mit dem jeweiligen Kreditinstitut zu treffende Inkassovereinbarung aufzunehmen. Unter Berücksichtigung dessen ergeben sich aus einer Inkassovereinbarung folgende Verpflichtungen für die Parteien:

## I. Pflichten des Händlers

Der Händler hat dem Inkassoinstitut die POS-Umsätze zur vereinbarten Zeit zum Einzug zu übergeben.[352] Dem Händler stehen dabei für die Übergabe zwei Verfahren zur Verfügung:

Die Zahlungsverkehrsdateien können via Postleitung an das Inkassoinstitut (on-line Einreichung) übertragen werden, oder es sind Datenträger zu übergeben, auf denen die Inkassoinformationen gespeichert sind (Datenträgereinreichung).[353] Erforderlich ist aber, daß das POS-Kassenterminal für die jeweilige Übertragungsart ausgerüstet ist.[354] In jedem Fall ist die beabsichtigte Art der Einreichung vorher mit dem Inkassoinstitut zu vereinbaren.[355]

Bei der on-line Einreichung sind die Sonderbedingungen für die Teilnahme am Datenfernübertragungsservice im Zahlungsverkehr mittels „Personal Computer“ (ZV-DFÜ-Verfahren) zu beachten.[356]

Sollen dem Inkassoinstitut die POS-Umsätze im Wege der Datenträgereinreichung zugeleitet werden, so sind die „Bedingungen für die Beteiligung von Kunden am automatisierten Zahlungsverkehr durch beleglosen Datenträgeraustausch“ maßgebend.[357]

---

349 Reiser, electronic cash, S. 15; vgl. zum Lastschriftverfahren Canaris, Bankvertragsrecht 1988, Rdnr. 566.

350 Ziffer 11.

351 Ziffern 9 - 13.

352 Reiser, electronic cash, S. 15.

353 Vgl. Ziffer 10 der POS-Richtlinien.

354 Vgl. Ziffern 11 und 12 der POS-Richtlinien.

355 Vgl. Ziffer 11 der POS-Richtlinien.

356 Ziffer 13 Abs. 1 der POS-Richtlinien.

357 Ziffer 13 Abs. 2 der POS-Richtlinien.

### II. Pflichten des Inkassoinstituts

Die Verpflichtung des Inkassoinstituts besteht im wesentlichen darin, die vom Händler eingereichten POS-Umsätze unverzüglich an die jeweiligen (bezogenen) kartenausgebenden Kreditinstitute weiterzuleiten.[358] Sobald das Inkassoinstitut den Gegenwert der eingereichten POS-Umsätze erhält, entsteht für den Händler der Anspruch auf Gutschrift aus §§ 675, 667 BGB.[359] Mit vorbehaltloser Kontogutschrift bekommt dann der Händler das uneingeschränkte Verfügungsrecht über den jeweiligen Betrag.

## H. Das Rechtsverhältnis zwischen dem kartenausgebenden Kreditinstitut und dem Karteninhaber

Will ein Kunde elektronisch am POS-Terminal des Händlers bezahlen, so muß er zunächst mit seiner Bank eine entsprechende Vereinbarung treffen, welche ihm den Zugang zum POS-System ermöglicht.

### I. Der Girovertrag

Das POS-Zahlungssystem ist eine besondere Form der bargeldlosen Zahlung. Um überhaupt am bargeldlosen Zahlungsverkehr teilnehmen zu können, bedarf es des Abschlusses eines Girovertrages[360] [361]. Dieser bildet die Grundlage des gesamten bankmäßigen Zahlungsverkehrs[362] und zugleich den Schwerpunkt der Rechtsbeziehungen zwischen dem Kreditinstitut und seinem Kunden. Mit dem Abschluß des Girovertrages kommt es regelmäßig auch zur Vereinbarung der Allgemeinen Geschäftsbedingungen.[363]

---

358 Vgl. Canaris, Bankvertragsrecht 1988, Rdnr. 567.

359 Vgl. a.a.O., Rdnr. 569.

360 Vgl. Bieber, S. 6.

361 Der Abschluß eines Girovertrages stellt – soweit noch keinerlei Kontakt zwischen Kunde und Kreditinstitut bestanden hat – die Aufnahme einer „Geschäftsverbindung" dar. Die Geschäftsverbindung ist als allgemeiner Bankvertrag zu qualifizieren, der das gesamte Verhältnis zwischen Bank und Kunde regelt. Will der Kunde nicht nur ein einzelnes Geschäft tätigen, sondern eine dauernde Geschäftsverbindung eröffnen, so gibt der „allgemeine Bankvertrag" im einzelnen den Rahmen für die zahlreichen, rechtlich ganz verschiedenen Bankgeschäfte. Vgl. BGHZ 23,222, 226f., 63,91; BB 1953,993; WM 1956,921, 1983, 411; OLG Karlsruhe WM 1971,486, 487; Bunte, S. 431; Hopt, (7) BankGesch I.3); a.A. z.B.Canaris, Bankvertragsrecht 1988, Rdnrn. 2ff. (Geschäftsverbindung als gesetzliches Schuldverhältnis). Die Gegenauffassung gelangt im wesentlichen zu den gleichen Ergebnissen.

362 Fervers, Bankenhaftung, S. 1040.

363 Lwowski 2/20. AGB-Banken abgedruckt bei Hopt, (8) AGB-Banken und (8a) AGB-Spark.

Aufgrund des Girovertrages richtet die Bank ihrem Kunden ein Girokonto ein. Sie ist nunmehr verpflichtet, Einzahlungen für ihren Kunden entgegenzunehmen und Auszahlungen zu bewirken. Die Ein- und Auszahlungen können dabei auch von dem Kunden selbst bzw. an ihn selbst erfolgen. Im Vordergrund steht jedoch der Zahlungsverkehr mit Dritten.[364] So ist die Bank verpflichtet, für den Kunden im Rahmen des verfügbaren Guthabens Überweisungsaufträge auszuführen und eingehende Geldbeträge gutzuschreiben.[365]

## II. POS-Kartenabrede

Der Girovertrag mit einem Kreditinstitut ermöglicht dem Kontoinhaber damit nur in begrenztem Umfang, am Zahlungsverkehr teilzunehmen. Will der Kunde außer durch Barabhebung und Überweisung in anderer Form über sein Kontoguthaben verfügen, so muß er mit seiner Bank wiederum eine entsprechende Vereinbarung treffen. Durch Abschluß eines Scheckvertrages wird der Kontoinhaber beispielsweise berechtigt, Schecks auf seine Bank zu ziehen.[366] Darüber hinaus bietet die Bank die ec-Karte an, welche in Verbindung mit dem eurocheque als Garantiekarte und an Geldausgabeautomaten zur Abhebung von Geldbeträgen eingesetzt werden kann. Um diese Leistungen in Anspruch nehmen zu können bedarf es des Abschlusses eines Scheckkarten[367]- bzw. Codekartenvertrages[368].

Alle vorgenannten Vereinbarungen sind rechtlich unselbständige Einzelverträge, die den Girovertrag ergänzen und modifizieren können.[369] Das geschieht jeweils nach Maßgabe der generell vereinbarten Allgemeinen Geschäftsbedingungen (AGB) und der für den Einzelvertrag geltenden Sonderbedingungen.

In gleicher Weise erfolgt die Zulassung des Kunden zum kartengesteuerten POS-Zahlungssystem. Die Bank trifft mit ihrem Kunden eine POS-Kartenabrede auf der Grundlage der ec-Bedingungen.[370]

Seit dem 1.1.1989[371] regeln die ec-Bedingungen zusammengefaßt den Einsatz der ec-Karte

---

[364] Canaris, Bankvertragsrecht 1988, Rdnr. 300.

[365] Fervers, Bankenhaftung S. 1040; Hadding / Häuser, S. 32 m.w.N.

[366] Baumbach / Hefermehl, SchG Art. 3 Rdnr. 3.

[367] Bülow, S. 346.

[368] Bieber, S. 6.

[369] Vgl. Baumbach / Hefermehl, Art. 3 SchG Rdnr. 3.

[370] Reiser, electronic cash, S. 10; Hopt, BankGesch III 6 B.b); Petring, S. 37.

[371] Bisher galten die Bedingungen für eurocheque-Karten und für die Benutzung von ec-Geldausgabeautomaten als eigenständige Regelungen. Abgedruckt bei Canaris, Bankvertragsrecht 1988, Rdnr. 857 bzw. 527z. Die neuen „ec-Bedingungen" werden bereits mit denjenigen Kunden vereinbart, die zum Ablauf des Jahres 1988 eine ec-Karte erhielten. Gegenüber den Kunden, denen im Laufe des Herbstes 1988 keine neue

- als Garantiekarte
- als Medium zur Abhebung an Geldausgabeautomaten
- zur bargeldlosen Zahlung an POS-Kassen.

Hinsichtlich des POS-Verfahrens werden darin die Rechte und Pflichten der Vertragsparteien, aber auch die Voraussetzungen, unter denen der Karteninhaber an POS-Kassen zahlen kann, näher bestimmt. Der zwischen dem Kreditinstitut und seinem Kunden bestehende Girovertrag wird somit um eine POS-Kartenabrede ergänzt.[372]

### 1. Keine Verpflichtung zum Abschluß eines POS-Kartenvertrages

POS ist ein Zahlungssystem, das nicht nur für die Bank und den Händler, sondern auch für den Kunden bzw. Karteninhaber vorteilhaft ist. Wer zur Teilnahme am POS-System zugelassen wird, ist flexibler in seinen Gelddispositionen. Unabhängig vom jeweils mitgeführten Bargeld oder der Anzahl der vorhandenen Scheckformulare ist der Karteninhaber jederzeit imstande, elektronisch und damit bargeldlos zu zahlen.[373] Ob die Bank allerdings verpflichtet ist, jeden Kunden, der in den Genuß dieser Vorteile kommen will, zum POS-System zuzulassen, ist zweifelhaft.

So wird teilweise angenommen, daß die Bank verpflichtet ist, dem Kunden ihre gesamten Geschäftseinrichtungen und Dienste zur Verfügung zu stellen.[374] Daraus ergebe sich ein Anspruch des Kunden auf Abschluß zusätzlicher, ergänzender Einzelverträge.[375]

Diese Auffassung ist jedoch abzulehnen. Eine Bank, die mit einem Kunden einen Girovertrag schließt, will sich damit nicht verpflichten, jederzeit auf Verlangen des Kunden weitere Einzelverträge abzuschließen. Der Kunde kann sich auch nicht etwa auf I. Vorbem S. 2 der Allgemeinen Geschäftsbedingungen berufen. Dort heißt es:

> „Die Bank steht ihrem Kunden mit ihren Geschäftseinrichtungen zur Erledigung verschiedenartigster Aufträge zur Verfügung."

Bereits aus der systematischen Stellung dieses Satzes als Teil der Einleitung statt als eigenständiger Klausel läßt sich entnehmen, daß eine Rechtspflicht zur Übernahme beliebiger Geschäfte nicht gewollt ist. Es handelt sich dabei

---

ec-Karte zur Verfügung gestellt wurde, wurden die neuen Bedingungen zum 1.1.1989 verbindlich. S. Harbeke, WM S. 1711.

372 Von der Crone, S. 147 und vgl. Canaris, Bankvertragsrecht 1988, Rdnr. 527h.

373 Siehe oben § 4 (S. 25).

374 Pikart, S. 1238f.

375 Ulmer, Vertragshändler, S. 318f.

nicht um ein wirksames Vertragsangebot, sondern lediglich um eine invitatio ad offerendum.[376]

Die Bank will die Entscheidung, weitere Verträge mit dem Kunden abzuschließen, jeweils im Einzelfall von kaufmännischen und geschäftspolitischen Überlegungen abhängig machen. Für den Kunden ist erkennbar, daß die Bank nicht jedem, der bei ihr ein Girokonto unterhält, beispielsweise einen Kredit einräumen will.[377] Eine Kreditvergabe wird nämlich u.a. von der Liquiditätslage der Bank und der Bonität des Kunden abhängen.

In gleicher Weise ist zu urteilen, wenn der Inhaber eines Girokontos eine pos-taugliche ec-Karte haben will, um an Kassenterminals bargeldlos verfügen zu können: Aufgrund des Girovertrages kann der Kunde nur mittels Barauszahlung oder durch Überweisung über sein Kontoguthaben verfügen. Die Bank hat so in jedem Einzelfall die Möglichkeit, durch den Kunden veranlaßte Kontobelastungen zu überwachen. Eine Überziehung des Kontos oder eine Überschreitung eines eventuell eingeräumten Kreditlimits ist ausgeschlossen. Läßt die Bank den Kunden durch Abschluß eines entsprechenden Kartenvertrages zur Teilnahme am POS-Verfahren zu, so kann es zu ungenehmigten Kreditinanspruchnahmen kommen. Dieses Risiko besteht insbesondere bei Verfügungen mittels Chipkarten, da dort nicht jeder einzelne POS-Umsatz im on-line Verfahren autorisiert wird.[378]

Der Bank steht es demnach frei, ob sie dem Inhaber eines Girokontos in einer entsprechenden Kartenabrede das Recht zur POS-Terminalbenutzung einräumen will oder nicht.

Auch für den Kunden besteht kein Kontrahierungszwang. Hat der Kunde kein Interesse an der Nutzung der POS-Kassenterminals oder ist ihm der Besitz einer automatentauglichen Karte zu gefährlich, weil er Diebstahl und Mißbrauch fürchtet, so kann er den Abschluß eines Kartenvertrages verweigern.[379] Dieses Recht steht ihm in jedem Fall zu, auch wenn sich Kreditinstitute aus Kostengründen weigern, im Einzelfall die Automatentauglichkeit einer Karte zu sperren.

Der Karteninhaber muß in diesem Fall auf die Entgegennahme der zur Scheckkarte gehörigen Geheimzahl (PIN) verzichten. Eine Benutzung von Geldausgabeautomaten ist ihm infolgedessen dann allerdings auch nicht mehr möglich.[380]

---

[376] Canaris, Bankvertragsrecht 1988, Rdnr. 8.

[377] Lwowski, 2/3.

[378] Siehe oben § 3 B.IV. (S. 23).

[379] Ebenso Reiser, electronic cash, S. 10f.; vgl. Bieber, S. 6 zum Recht des Karteninhabers auf Geldausgabeautomatenbenutzung.

[380] Harbeke, WM, S. 1711; ders., Bank, S. 33.

## 2. Vertragsinhalt

In der Regel werden die Bank und ihr Kunde eine den Girovertrag ergänzende POS-Kartenabrede treffen.[381] Für das kartenausgebende Kreditinstitut erwächst damit die Pflicht, ihrem Kunden eine (pos-) automatentaugliche Scheckkarte und die dazugehörige PIN zu verschaffen. Um die tatsächliche Verwendbarkeit der Karten an den POS-Kassenterminals der Händler und damit die Akzeptanz der Kartenzahlung durch die Händler abzusichern, verpflichten sich die Kreditinstitute, „die Beträge, über die unter Verwendung der dem Karteninhaber ausgegebenen ec-Karte verfügt worden ist, an die Händler zu vergüten".[382]

Im Gegenzug verpflichtet sich der Karteninhaber, eine Vergütung für diese Leistungen der Bank zu zahlen. Das kartenausgebende Kreditinstitut stellt für die Scheckkarte insgesamt eine jährliche Gebühr von zur Zeit (noch)[383] ca. 10,– DM in Rechnung. Wie im übrigen Zahlungsverkehr auch, fallen mit jeder Belastungsbuchung entsprechende Gebühren an. Darüber hinaus ist der auf dem Girokonto befindliche „Bodensatz", welcher der Bank niedrig verzinslich bzw. unverzinst zum Gebrauch überlassen wird, nach wie vor eine „Art Gebühr" für die Durchführung des Zahlungsverkehrs.[384]

## 3. Rechtsnatur des Vertrages

Mit Abschluß des Kartenvertrages schuldet die Bank ihrem Kunden damit eine entgeltliche Leistung. Fraglich ist, ob hier ein Dienstvertrag gemäß § 611 BGB oder ein Werkvertrag gemäß § 631 BGB zugrunde liegt.

Die herrschende Meinung qualifiziert den Girovertrag selbst zutreffend als einen unter die §§ 611 ff., 675 BGB fallenden Dienstvertrag, der eine Geschäftsbesorgung zum Gegenstand hat.[385] Daß eine Qualifizierung als Werkvertrag nicht in Betracht kommt, zeigt sich beim Girovertrag z. B. an der Überweisung, bei der sich die Bank nicht zur Herbeiführung des Erfolges der Gutschrift verpflichten kann. Sie weiß häufig gar nicht, ob der Überweisungsempfänger überhaupt ein Konto hat. Sie schuldet daher nur, sich um den

---

[381] Das ist bereits daraus zu entnehmen, daß das deutsche Kreditgewerbe ihren Kunden bisher soviel Vertrauen entgegengebracht hat, daß sie ca. 21 Millionen „Garantiekarten" ausgegeben hat. Vgl. oben Einleitung (S. 13).

[382] Vgl. Ziffer 7 Abs. 3 der ec-Bedingungen.

[383] Aufgrund der Multifunktionalität der Karte (Garantie-, Geldautomaten- und POS-Karte) ist mit einer baldigen Anhebung der Jahresgebühr auf 20,– bis 30,– DM zu rechnen.

[384] Vgl. Schönle, § 31 I.1. und Schlegelberger-Hefermehl, Anh. zu § 365 Rdnr. 15.

[385] BGH NJW 1954,190; NJW 1989,1601 ff.; Schlegelberger-Hefermehl, a.a.O.; Müko-Seiler, § 675 Rdnr. 28; Schönle, § 31 I.1.; a. A. Canaris, Bankvertragsrecht, 1988 Rdnr. 315 (gemischttypischer Vertrag).

Überweisungserfolg zu bemühen. Der Girovertrag ist mithin nicht erfolgs-, sondern tätigkeitsbezogen. Dabei besteht die Dienstleistung der Bank bei der Absendung von Buchgeld in der jeweiligen Bereithaltung der für die Vermittlung der bargeldlosen Zahlung notwendigen bankgeschäftlichen Organisation.

Mit Abschluß des Kartenvertrages entsteht für die Bank die Verpflichtung, dem Kunden eine pos-taugliche Karte zur Verfügung zu stellen, um ihm die Teilnahme am POS-Zahlungsverkehr zu ermöglichen. Der Kunde kann über sein Kontoguthaben bzw. den ihm eingeräumten Kredit nicht nur durch Barabhebung, Scheck oder Überweisung verfügen; er kann auch „elektronisch" bezahlen. Eine zuverlässige Einordnung der Verpflichtung des kartenausgebenden Kreditinstituts als „erfolgs-" oder aber als „tätigkeitsbezogen" ist danach jedoch nicht möglich.

Mit Aushändigung der POS-Karte geht aber auch die Verpflichtung der kartenemittierenden Bank einher, zukünftige Geldschulden des Karteninhabers gegenüber den POS-Kassenbetreibern zu erfüllen. Diese Verpflichtung der Bank ist zum einen Ziffer 7 Abs. 1 S. 1 der ec-Bedingungen zu entnehmen. Danach muß das Kreditinstitut dem Kontoinhaber für Bezahlungen an POS-Kassen einen Verfügungsrahmen bereit stellen. Zum anderen heißt es in Ziffer 7 Abs. 3 der ec-Bedingungen, daß das kartenausgebende Kreditinstitut verpflichtet ist, gegenüber den Betreibern von POS-Kassen die Beträge, über die unter Verwendung der dem Karteninhaber ausgegebenen ec-Karte verfügt worden ist, an den Betreiber zu vergüten. Diese Verpflichtung des kartenemittierenden Kreditinstituts, die letztlich die Verpflichtung zur Abgabe eines Schuldversprechens gegenüber dem Händler gemäß § 780 BGB zum Inhalt hat, kann nicht nur als rein tätigkeitsbezogen verstanden werden. Der Karteninhaber wird von den Händlern nämlich nur dann zur uneingeschränkten Benutzung der POS-Terminals zugelassen werden, wenn diese auch sicher sein können, daß ihnen ihre Forderungen auch tatsächlich bezahlt werden. Die Bank schuldet also mit Abschluß des Kartenvertrages nicht nur eine Tätigkeit, sondern einen Erfolg. Der Kartenvertrag ist daher im Gegensatz zum Girovertrag werkvertraglicher Natur.

Die Leistungsverpflichtung der Bank ist auf eine selbständige Tätigkeit wirtschaftlicher Art gerichtet, die für einen anderen in dessen Interesse vorgenommen wird.[386] Sie ist als Geschäftsbesorgungsvertrag im Sinne von § 675 BGB zu qualifizieren.[387] Da der Kartenvertrag zeitlich nicht begrenzt ist, erstreckt sie sich auf eine im voraus nicht abschließend festgelegte Zahl von Karteneinsätzen an POS-Terminals. Sie begründet daher ein Dauerschuldverhältnis.[388]

---

[386] Zur Definition der Geschäftsbesorgung: BGHZ 45,223 (228f.).

[387] Vgl. Schönle, § 31 I.1.; Staudinger-Wittmann, § 675 Rdnrn. 3ff.

[388] Siehe Reiser, electronic cash, S. 11 und vgl. Canaris, Bankvertragsrecht 1988, Rdnr. 316. Zum Begriff des Dauerschuldverhältnisses: Soergel-Teichmann, § 241 Rdnr. 6.

### 4. Rechtsnatur der Karte

Die ec-Karte verkörpert die Erklärung des kartenausgebenden Kreditinstituts, daß der bezeichnete Karteninhaber am Scheckkartenverfahren teilnimmt. Dem Text auf der Kartenrückseite kann entnommen werden, daß das kartenausgebende Institut dem rechtmäßigen Inhaber des Euroschecks unter gewissen Bedingungen die Einlösung garantiert.[389] Es handelt sich dabei um eine schriftlich verkörperte Gedankenerklärung des Ausstellers im Sinne des zivilrechtlichen Urkundsbegriffs.[390]

Ebenso wie beim Geldausgabeautomatensystem sind die für eine Teilnahme am POS-Verfahren wesentlichen Zahlungsverkehrsinformationen auf dem auf der Karte aufgebrachten Magnetstreifen bzw. Chip enthalten. Der Informationsgehalt wie Bankleitzahl, Kontonummer und Zeitpunkt der letzten Verfügung kann weder vom Magnetstreifen noch vom Chip ohne weiteres „gelesen" werden. Hierzu bedarf es eines entsprechenden Lesegeräts. Bei sach- und zeitgerechter Begriffsbestimmung muß es aber genügen, daß eine Wahrnehmung des Gedankeninhalts unter Zuhilfenahme technischer Geräte ohne weiteres möglich ist. Der codierte Magnetstreifen bzw. der auf der Karte befindliche Chip ist daher als Urkunde anzusehen.[391]

Fraglich ist, ob es sich bei der pos-tauglichen Karte auch um ein Wertpapier handelt. Dazu müßte sie ein konkretes Forderungsrecht enthalten.[392] Der Händler, an dessen Terminal eine Karte eingesetzt werden soll, müßte gegen Vorlage der Karte zu einer Leistung verpflichtet sein.[393] Beim Geldausgabeautomatengeschäft hat der Inhaber einer automatentauglichen Karte (unter Eingabe der PIN) einen Anspruch auf Auszahlung gegen die automatenbetreibenden Kreditinstitute. Dieses Forderungs- bzw. Leistungsrecht begründet die „Wertpapiereigenschaft" einer geldautomatentauglichen ec-Karte.[394] Im Rahmen des POS-Verfahrens verkörpert die automatentaugliche ec-Karte kein derartiges Leistungsrecht. Sie gewährt kein Recht auf Zahlung, sondern beinhaltet lediglich einen Anspruch des Karteninhabers gegen den Händler auf Einverständnis mit der bargeldlosen Zahlung.[395]

Eine abweichende Beurteilung ergibt sich auch nicht für Automatenkarten, die einen integrierten Chip enthalten. Zwar ist in dem Chip ein Verfügungs-

---

389 Canaris, Bankvertragsrecht 1988, Rdnr. 829.

390 Vgl. Zöllner, Wertpapierrecht, § 3.III.1; nunmehr auch Petring, S. 136.

391 Canaris, Bankvertragsrecht 1988, Rdnr. 527 b, Stecher, S. 187; a.A. Bieber, S. 7, Werner, S. 76f.

392 Siehe Zöllner, Wertpapierrecht § 3.III.4.b).

393 Vgl. Baumbach / Hefermehl, WPR Rdnr. 11.

394 So Canaris, Bankvertragsrecht 1988, Rdnr. 527 bf.; a.A. Bieber, S. 7, Stecher, S. 187, Werner, S. 77f.

395 Siehe oben § 6 F.II.1. (S. 88f.); auch Petring, S. 138 verneint die Wertpapiereigenschaft.

rahmen für den Karteninhaber gespeichert, so daß eine on-line Verbindung zur Autorisierung jedes einzelnen POS-Umsatzes nicht mehr notwendig ist.[396] Ein Forderungsrecht gegen den einzelnen Händler wird damit aber nicht begründet. Es bleibt auch hier, wie bei den Automatenkarten mit Magnetstreifentechnologie, beim Recht des Karteninhabers, die Leistungen des Händlers bargeldlos honorieren zu dürfen.[397]

Im übrigen fehlt der Automatenkarte die für ein Wertpapier typische Legitimationswirkung.[398] An den Besitz der Scheckkarte läßt sich nicht die Legitimation (Rechtsvermutung) zugunsten des Gläubigers knüpfen. Verfügungsberechtigt ist allein der in der Karte genannte Inhaber. Das kann der Kontoinhaber oder der in der Karte benannte Bevollmächtigte sein.[399] Eine Einordnung der Scheckkarte als sogenanntes qualifiziertes Legitimationspapier im Sinne von § 808 BGB oder als „Inhaberkarte oder -marke" im Sinne von § 807 BGB kommt daher auch nicht in Betracht.[400]

Die Automatenkarte kann aber als Kenn- und Ausweiskarte bezeichnet werden, welche wie ein Schlüssel (zusammen mit Eingabe der PIN) den Zugang zum POS-System ermöglicht.[401] Mit Einsatz der Karte am POS-Terminal ermächtigt der POS-Karteninhaber den Händler, vom kartenausgebenden Kreditinstitut ein Schuldversprechen im Sinne von § 780 BGB zu erlangen. Gleichzeitig ermächtigt der Karteninhaber das kartenemittierende Kreditinstitut, dem anfragenden Händler gegenüber ein entsprechendes Schuldversprechen abzugeben. Die pos-taugliche Karte kann mithin als Anweisung im Sinne von § 783 BGB qualifiziert werden.[402]

## 5. Einzelne Pflichten der Vertragsparteien

### *a) Pflichten des Kreditinstituts*

#### aa) Weisungsgebundenheit des Kreditinstituts

Aufgrund des Geschäftsbesorgungsvertrages ist das kartenausgebende Kreditinstitut generell verpflichtet, dem Kunden die bargeldlose Zahlung im Rahmen des POS-Verfahrens zu ermöglichen. Das hat bei Vorliegen der Voraus-

---

396 Siehe oben § 3 B.IV. (S. 23f.).

397 Anders wohl von der Crone, S. 10, Fervers, Bücherschau, S. 550f.

398 Baumbach / Hefermehl, WPR Rdnr. 6.

399 Siehe Ziffer 2 S. 2 der ec-Bedingungen.

400 Vgl. NJW 1988,979 (980); vgl. Bieber, S. 7, Canaris, Bankvertragsrecht 1988, Rdnr. 527 b, Stecher, S. 187; Petring, S. 139.

401 Vgl. Bieber, S. 7, Canaris, a.a.O.; so auch Petring, S. 141: Codekarte als „Anwendungsurkunde" mit Ausweis- und Schlüsselfunktion.

402 Vgl zur ec-Karte als Geldausgabeautomatenkarte: überzeugend Canaris, Bankvertragsrecht 1988, Rdnr. 527b. Für Anweisung im weiteren Sinn: Bieber, S. 7 und

setzungen durch Autorisierung der angefragten POS-Umsätze und anschließende Bezahlung zu geschehen.

Welche konkrete Schuld des Karteninhabers die Bank zu begleichen hat, steht bei Abschluß der Kartenabrede allerdings noch nicht fest. Erst wenn der Karteninhaber die Karte durch den Leseschlitz des POS-Kassenterminals des Händlers zieht und die dazugehörige PIN eintippt, erfährt die Bank, welche Schuldsumme sie autorisieren und bezahlen soll.

Eine ganz ähnliche Konstellation ergibt sich bei Betrachtung des Überweisungsauftrages eines Kunden an seine Bank. Aufgrund des bereits bestehenden Girovertrages ist die Bank dem Kunden gegenüber ganz generell zur Ausführung der Überweisung verpflichtet.[403] Wie die Bank ihrer Verpflichtung im Einzelfall nachzukommen hat, erfährt sie erst bei Erteilung des jeweiligen Überweisungsauftrags. Der Überweisungsauftrag konkretisiert so das mit dem Girovertrag bestehende Geschäftsbesorgungsverhältnis zwischen Bank und Kunde. Entgegen seiner mißverständlichen Bezeichnung ist der Überweisungsauftrag daher nicht als eigenständiger, echter Auftrag im Sinne der §§ 662 ff. BGB, sondern als Weisung im Sinne der §§ 675, 665 BGB anzusehen.[404]

Auch der POS-Karteninhaber fordert seine Bank durch eine einseitige Willenserklärung – und zwar durch den Händler als Boten – zur Erfüllung der ihr obliegenden Verpflichtung aus dem Kartenvertrag auf. Mit Einsatz der Karte und Eingabe der PIN in das Händler-Terminal wird die Verpflichtung der Bank konkretisiert; ihr werden alle zur Autorisierung des angefragten POS-Umsatzes erforderlichen Daten vom Händler-Terminal aus übermittelt. Es erscheint daher gerechtfertigt, die Eingabe von Karte und PIN durch den Kunden ebenfalls als eine an das kartenausgebende Kreditinstitut gerichtete Weisung im Sinne von §§ 675, 665 BGB zu qualifizieren.[405] Diese Weisung ist für die Bank bindend.[406]

---

Werner, S. 78. Soergel-Häuser, Vor § 783 Rdnr. 36, hingegen scheint bei „bargeldlosen Kassensystemen" in Anlehnung an überweisungsrechtliche Grundsätze einer Einordnung als „girovertragliche Weisung" den Vorzug zu geben.

[403] Schönle, § 31.I.1.

[404] H.M. BGHZ 10,319; Schönle, § 31.III.1.; Canaris, Bankvertragsrecht 1988, Rdnr. 320.

[405] So auch Reiser, electronic cash, S. 11, Petring, S. 39ff. (52), Canaris, Bankvertragsrecht 1988, Rdnr. 527 cc,; a.A. Fervers, Bücherschau, S. 552. Instruktiv zum (unbefugten) Karteneinsatz durch Dritte: Petring, S. 102ff. „Der Codekarteneinsatz eines Dritten ist als Handeln unter fremdem Namen zu qualifizieren. In diesem Fall liegt keine Weisungserklärung des Kunden vor. Es kommt allerdings eine Rechtsscheinerklärung in Betracht. Erfolgt die Weitergabe von Karte und PIN willentlich und wissentlich an den Dritten und ist das kartenausgebende Kreditinstitut schutzwürdig, so trifft den Kunden eine Rechtsscheinhaftung gegenüber dem kartenausgebenden Kreditinstitut."

[406] Vgl Palandt-Thomas, § 665 Anm. 2)a).

### bb) Widerruf der Weisung

Fraglich ist, ob der Karteninhaber seine Bank durch Widerruf der zuvor erteilten Weisung aus der Verpflichtung wieder entlassen kann.

Haben Karteninhaber und Händler beispielsweise einen Kaufvertrag abgeschlossen, so ist vorstellbar, daß sich der Karteninhaber kurzfristig von der soeben eingegangenen Verpflichtung lösen will. Möglicherweise stellt er kurz nach dem Kauf fest, daß ihm der Kaufgegenstand nicht gefällt oder gar Mängel aufweist. Der Käufer will in diesen Fällen die Kaufsache zurückgeben, insbesondere aber wohl eine Zahlung durch die Bank und damit eine Belastung seines Kontos verhindern.

Der Widerruf einer geschäftsbesorgungsrechtlichen Weisung stellt eine Gegenweisung dar, die darauf abzielt, die erteilte Weisung rückgängig zu machen.[407] Wie der Beauftragte den Weisungen des Auftraggebers grundsätzlich nachzukommen hat, so muß er auch dessen Gegenweisung befolgen.

Weisungen können grundsätzlich jederzeit widerrufen werden.[408] Ein Widerruf ist jedoch nicht mehr möglich, sobald der Auftrag ausgeführt ist. Ergeht dennoch ein Widerruf, so ist dieser wirkungslos.[409]

Hier liegt die Besonderheit einer elektronischen Zahlung am POS-Kassenterminal. Im Gegensatz zur Abwicklung eines Überweisungsauftrages dauert die wesentliche Ausführung der Kundenweisung beim POS-Zahlungsverfahren nur wenige Sekunden. Bereits kurze Zeit nach Empfang der Weisung im Rechenzentrum der Bank wird – soweit die Voraussetzungen dafür vorliegen – der angefragte POS-Umsatz autorisiert. Mit Eingang der Autorisierungsanzeige im Händler-Terminal ist die in der POS-Kartenabrede zugesagte Geschäftsbesorgung so weitgehend ausgeführt,[410] daß die Kundenweisung nicht mehr widerrufen werden kann.[411]

Durch das selbständige Schuldversprechen (§ 780 BGB), das der Händler mit der Autorisierung des POS-Umsatzes erhält, soll ihm nämlich eine Rechtsposition eingeräumt werden, die ihn so stellt, als hätte er Bargeld erhalten. Müßte er nach Eingang der Autorisierungsanzeige noch damit rechnen, daß die Zahlung des POS-Umsatzes durch die kartenausgebende Bank nicht gesichert ist, würde seine Bereitschaft, eine elektronische POS-Zahlung zu akzeptieren, entsprechend gering sein. Der Sinn und Zweck des POS-Zahlungsverfahrens, die Bar- bzw. Scheck(karten)-zahlung zu ersetzen, würde verfehlt.[412]

---

[407] Schlegelberger-Hefermehl, Anh § 365 Rdnr. 25.

[408] Palandt-Thomas, § 665 Anm. 2)b).

[409] Erman-F.Hauß, § 665 Rdnr. 2, Palandt-Thomas, § 665 Anm. 2)b).

[410] Vgl. zum herkömmlichen Kreditkartenverfahren Hadding, S. 37.

[411] So hält auch Petring, S. 98 nach Übermittlung der „Positivmeldung“ einen Widerruf nicht mehr für möglich.

[412] Reiser, electronic cash, S. 12.

Auch wenn diese Wertung den Interessen des Karteninhabers zu widersprechen scheint, so steht er doch im Verhältnis zum normalen Bargeschäft nicht schlechter dar. Der Barzahler muß sich ebenso unmittelbar mit dem Händler auseinandersetzen und den geleisteten Geldbetrag zurückverlangen. Etwaige Gewährleistungsansprüche werden dem Karteninhaber keineswegs abgeschnitten. Gemäß Ziffer 8 Abs. 2 der ec-Bedingungen sind „Einwendungen und sonstige Beanstandungen des Karteninhabers, die das Vertragsverhältnis mit dem pos-kassenbetreibenden Unternehmen betreffen, unmittelbar gegenüber dem Unternehmen geltend zu machen".[413] Schließlich hat der Karteninhaber noch die Möglichkeit – auch nach Autorisierung des POS-Umsatzes durch die Bank – im Einvernehmen mit dem Händler eine Stornierung des POS-Umsatzes herbeizuführen.[414]

Im Ergebnis bleibt damit festzuhalten, daß dem Karteninhaber zwar auch beim POS-Zahlungsverfahren das Recht zusteht, seine der Bank erteilte Weisung zu widerrufen. Da dieses Recht jedoch innerhalb weniger Sekunden – bis zum Eingang der Autorisierungsanzeige der Bank am Händlerterminal – auszuüben ist, muß wohl bei praktischer Betrachtung die einmal erteilte Weisung als unwiderruflich angesehen werden.

### cc) Aufklärungspflichten

Das kartenausgebende Kreditinstitut ist in besonderem Maße gehalten, ihre Kunden über einzelne Zahlungsverfahren und Fragen, die damit zusammenhängen, zu unterrichten. Bereits bei Aufnahme der Vertragsverhandlungen ist die Bank verpflichtet, den Kunden über alle Umstände in Kenntnis zu setzen, die für seine Entschließung erkennbar von wesentlicher Bedeutung sein können.[415] Die Bank hat einen Kunden, den sie für ein bestimmtes Zahlungssystem zuläßt, insoweit richtig, vollständig und verständlich über die Funktionsweise der Einrichtung und die Risiken, die sich aus ihrem Gebrauch ergeben, aufzuklären.[416] Diese Verpflichtung ist als girovertragliche Nebenpflicht anzusehen.[417]

Für das POS-Zahlungsverfahren hat dies die Konsequenz, daß ein Kunde, mit dem ein Kaufvertrag geschlossen wurde, genau zu unterweisen ist, wie ein Zahlungsvorgang mit der ec-Karte nebst PIN am Kassenterminal des Händlers durchgeführt werden muß. Das Kreditinstitut ist verpflichtet, dem Kunden

---

413 a.a.O.

414 Ziffer 7 der POS-Richtlinien.

415 Vgl. BGH NJW 1974,849 (851), Köhler, S. 129f.

416 Werner, S. 125, Köhler, S. 130, Bieber, S. 11.

417 Reiser, electronic cash, S. 14, Fervers, Bankenhaftung, S. 1040, Reiser, Rechtliche Aspekte, S. 1403.

den für ihn bereitgestellten Verfügungsrahmen mitzuteilen. Der Karteninhaber muß weiter darauf hingewiesen werden, daß jeder beliebige Dritte allein mit ec-Karte und PIN an POS-Terminals und Geldautomaten verfügen kann. Insofern hat die Bank eine sorgfältige Aufbewahrung der ec-Karte und eine absolute Geheimhaltung der PIN von ihrem Kunden zu fordern. In diesem Zusammenhang ist dem Karteninhaber deutlich zu machen, in welcher Höhe er bei Verlust und Mißbrauch der Karte zu haften hat. Hier dürfte das Schwergewicht der Aufklärungsverpflichtung der Bank liegen. Schließlich hat sich die ec-Karte zu einer „Multifunktionskarte" entwickelt, welche als Garantiekarte zusammen mit dem Euroscheck, zur Abhebung am Geldausgabeautomaten und am POS-Kassenterminal eingesetzt werden kann.[418] Aus dieser vielseitigen Verwendbarkeit folgt eine „Risikokumulation",[419] denn in jedem Einsatzbereich ist mit ein- und derselben Karte ein Mißbrauch möglich.[420] Harbeke[421] weist hier zu Recht darauf hin, daß die Hinweis- und Aufklärungsverpflichtung nach der Rechtsprechung[422] extensiv gehandhabt werden müssen.

Letztendlich hat die Bank ihren Kunden mitzuteilen, wo ein Verlust der Automatenkarte gemeldet werden kann, damit eine unverzügliche Sperrung ermöglicht wird.

Die Kreditinstitute haben heute entsprechende Informationen und Warnungen in ihre ec-Bedingungen aufgenommen.[423] Früher beschränkten sie sich lediglich darauf, allgemeine Hinweise zu geben. Diese Hinweise sind nunmehr spezifiziert und beschreiben dem Kunden für sämtliche Einsatzfunktionen (Euroscheck, Geldausgabeautomat und POS) klar, deutlich und verständlich zusammengefaßt in den ec-Bedingungen, wie die ec-Karte zu verwenden ist und welche Haftungsrisiken entstehen können.

In Ziffer 5 Abs. 2 der ec-Bedingungen wird der Kunde auf seine unbedingte Verpflichtung zur Geheimhaltung der PIN hingewiesen. Weiterhin wird er in Ziffer 5 Abs. 3 informiert, wo und in welcher Form er bei Verlust der Karte eine Sperre veranlaßt werden kann. Schließlich wird der Karteninhaber in Ziffer 9 Abs. 2 darüber aufgeklärt, in welchem Umfang er bei mißbräuchlicher Verwendung der Karte zu haften hat.

Fervers[424] bezweifelt, ob die Kreditinstitute mit der Formulierung dieser ec-Bedingungen tatsächlich ihren vertraglichen Aufklärungspflichten genüge getan haben. Seiner Auffassung ist sicherlich insoweit zu folgen, als er

---

418 Siehe Ziffer 1 der ec-Bedingungen.
419 Fervers, Bankenhaftung, S. 1041.
420 Harbeke, WM, S. 1710.
421 a.a.O., S. 1711.
422 Vgl. WM 1987,1453.
423 Vgl. Reiser, electronic cash, S. 14, Bieber, S. 11.
424 Fervers, Bankenhaftung, S. 1041.

anführt, daß Allgemeine Geschäftsbedingungen generell, unabhängig von ihrer Ausformung, vom Kunden nur selten gelesen werden. Dem haben die Banken aber Rechnung getragen, indem sie mit Ausgabe von Karte bzw. PIN eine gesonderte, schriftliche Aufklärung über Einsatz und Warnung über Risiko der ec-Karte mitliefern. Um die Aufmerksamkeit des Kunden zu erlangen, werden ihm die wesentlichen Bestimmungen der ec-Bedingungen in Briefform mitgeteilt.[425] Auf der Empfangsbescheinigung für die ec-Karte wird der Kunde darüber informiert, wie er sich bei Verlust der Karte zu verhalten hat. Die Empfangsbescheinigung enthält eine Telefonnummer, welche der Kunde im Bedarfsfalle (Kartenverlust) anwählen kann, um eine Kartensperre zu veranlassen. Sollte sich der Kunde im Ausland befinden, so braucht er nach der richtigen Landes-Vorwahlnummer nicht lange zu suchen. Sämtliche europäischen Vorwahl-Nummern sind in der Bescheinigung ebenfalls aufgelistet.

Insgesamt kann daher diese Aufklärung der Banken als ausreichend erachtet werden, zumal sie bereits durch eine Vielzahl von Beiträgen in Presse, Funk und Fernsehen ergänzt worden ist.[426] Einem durchschnittlich aufmerksamen und verständigen Kunden dürften damit insbesondere die Haftungsrisiken, die mit dem Gebrauch einer ec-Karte verbunden sind, hinreichend vor Augen geführt worden sein.

#### dd) Auskunftspflicht

Gemäß §§ 675, 666 BGB in Verbindung mit dem Girovertrag ist das kartenausgebende Kreditinstitut verpflichtet, seinem Kunden Auskunft über die Ausführung der ihm erteilten Weisung zu geben.[427] Das geschieht regelmäßig durch Übermittlung von Kontoauszügen. Erforderlich ist dabei, daß der Kontoinhaber umfassend und verständlich informiert wird. Die Bank sollte keine Kürzel verwenden, die für den Kunden nur schwer verständlich sind.

Ziffer 15 der Banken-AGB legt dem Kunden dabei die Pflicht auf, seine Kontoauszüge zu überprüfen und etwaige Einwendungen der Bank unverzüglich mitzuteilen. Unabhängig davon ergibt sich diese Verpflichtung des Kunden bereits aus §§ 242, 254 BGB.[428] Als Folge der Verletzung dieser Sorgfaltspflichten kommt in erster Linie ein Schadensersatzanspruch der Bank aus positiver Forderungsverletzung in Betracht.[429] Maßgeblich für den Beginn der Prüfungs- und Reklamationspflicht ist nach Ziffer 15 der Zugang des Kontoauszuges der Bank. Hat ein Kontoinhaber den Verlust seiner ec-Karte nicht

---

[425] So gesehen bei der Dresdner Bank AG.

[426] So auch Reiser, electronic cash, S. 14, Bieber, S. 11, Harbeke, WM, S. 1712, Canaris, Bankvertragsrecht 1988, Rdnr. 527 q.

[427] Vgl. Werner, S. 144.

[428] Canaris, Bankvertragsrecht 1981, Rdnr. 2635.

[429] Werhahn / Schebesta Rdnr. 215 aE.

unmittelbar bemerkt, so kann er mißbräuchliche Verfügungen (an POS-Terminals) seinem Kontoauszug entnehmen. Soweit der Kontoinhaber sogenannte Tagesauszüge erhält, kann er – falls er nicht gerade krank oder auf Reisen ist – Unregelmäßigkeiten auf seinem Konto sofort entdecken und seiner Bank mitteilen. Die Bank kann ihrerseits unverzüglich eine Kartensperre veranlassen. Haben Kunde und Bank aber die Übersendung von Monatsauszügen vereinbart, kann kostbare Zeit verstreichen, bis ein Kartenmißbrauch entdeckt wird.

Besondere Risiken können sich für diejenigen Kunden ergeben, die auf Zusendung der Kontoauszüge generell verzichten, um diese am Schalter oder am Kontoauszugsdrucker der Bank in Empfang zu nehmen. Zwischen zwei Abholterminen kann dann eine größere Zeitspanne liegen, in der Mißbräuche[430] unerkannt bleiben. Der Kontoinhaber kann folglich erst entsprechend spät reagieren. Aus diesem Grunde hat die Bank im Interesse einer Schadens- und Risikobegrenzung unabhängig von besonderen Kundenwünschen für eine Zustellung nach mindestens sechs Wochen zu sorgen, damit jeder Kunde die Möglichkeit einer direkten Kenntnisnahme erhält. In jedem Fall hat sie ihren Kunden darüber aufzuklären, welche Gefahren sich aus der nur gelegentlichen „Lektüre" der Kontoauszüge ergeben können.[431] Kommt die Bank ihrer Auskunfts- bzw. Aufklärungspflicht nicht nach, so hat sie einen daraus entstehenden Schaden zu tragen. Das bedeutet: Die Bank hat den Kontoinhaber von dem Aufwendungsersatzanspruch[432] freizustellen, der aus einer POS-Verfügung resultiert, welche der Kontoinhaber bei hinreichender Kenntnis der gegebenen Risikolage durch stetes Beobachten seines Kontos über die rechtzeitige Installierung einer Kartensperre hätte verhindern können.

### *b) Pflichten des Karteninhabers*

#### aa) Aufwendungsersatzpflicht

Jedesmal, wenn das kartenausgebende Kreditinstitut POS-Umsätze an einen Händler vergütet, tätigt es Aufwendungen im Rahmen des mit dem Kunden bestehenden Geschäftsbesorgungsvertrages. Bereits aus §§ 675, 670 BGB ergibt sich für die Bank ein gesetzlicher Anspruch auf Ersatz der Aufwendungen.[433] Dieser gesetzliche Erstattungsanspruch wird durch Ziffer 8 Abs. 1 S. 1 der ec-Bedingungen konkretisiert. Danach hat der Kontoinhaber

---

[430] Zu denken ist etwa an Fälle wiederholter „Ausleihe" von Karte und PIN durch Personen, die im selben Haushalt leben.

[431] Von der Crone, S. 148f.

[432] Siehe dazu sogleich unter § 6 H.II.5.b)aa).

[433] Vgl. Petring, S. 53f., der zwischen einem Anspruch des Kreditinstituts auf Vorschuß gemäß §§ 669, 675 und einem Aufwendungsersatzanspruch nach §§ 670, 675ff. BGB differenziert.

dem Kreditinstitut alle Aufwendungen zu erstatten, die durch die Verwendung der ec-Karte entstehen. Die Ersatzpflicht wird damit nicht allein an Verfügungen des Kontoinhabers, sondern ganz generell an die Verwendung einer für das Konto des Kunden ausgegebenen pos-tauglichen ec-Karte geknüpft.[434]

Nach den Kontovereinbarungen wird dieser Anspruch durch Abbuchung vom Girokonto des Karteninhabers erfüllt.[435]

### *(1) Verfügungsrahmen des Kunden*

Der ec-Karteninhaber kann seine automatentaugliche Karte nicht in beliebigem Umfang nutzen. Gemäß Ziffer 7 Abs. 1 S. 1 der ec-Bedingungen stellt das Kreditinstitut dem Karteninhaber für Abhebungen an ec-Geldautomaten und für Bezahlungen an POS-Kassen einen Verfügungsrahmen bereit.

Der Verfügungsrahmen wird individuell für den jeweiligen Kunden festgelegt und ihm bekanntgegeben. Es handelt sich hier um ein einseitiges Leistungsbestimmungsrecht der kartenausgebenden Banken.[436]

Das gemeinsame Limit für den Einsatz der ec-Karte an POS-Kassen und Geldautomaten wird in der Regel für den Zeitraum von einer Woche bestimmt. Räumt die Bank ihrem Kunden einen Verfügungsrahmen von beispielsweise 3000,– DM ein, so steht dieser Betrag am Beginn der Woche zur Disposition. Der Karteninhaber kann diesen Betragsrahmen mit einer Verfügung an einer POS-Kasse in Anspruch nehmen oder mehrere Teilverfügungen bis zu einem Gesamtbetrag von 3000,– DM vornehmen.[437] Nutzt der Karteninhaber den wöchentlichen Verfügungsrahmen an POS-Kassen voll aus, ist eine Verfügung an Geldautomaten nicht mehr möglich. Der Kunde hat dann bis zur folgenden Woche zu warten. Der Verfügungsrahmen wird für jede Karte in der zuständigen Autorisierungszentrale geführt, bei Abhebungen abgeschrieben und dort nach Ablauf der Wochenfrist wiederaufgefüllt.[438]

Durch die Beschränkung der Verfügungsmöglichkeit wird gleichzeitig die Höhe eines möglichen Mißbrauchsschadens begrenzt. Derjenige, der unbefugt in den Besitz von ec-Karte und PIN gelangt ist, kann, sofern die Karte noch nicht gesperrt ist, ebenso wie der Karteninhaber nur innerhalb der festgelegten Betragsgrenzen verfügen. Hierfür hat der Kontoinhaber grundsätz-

---

[434] Vgl. Reiser, electronic cash, S. 12, vgl. Canaris Bankvertragsrecht 1988, Rdnr. 527 m.

[435] Reifner, S. 1914.

[436] Harbeke, WM, S. 1713.

[437] An allen Geldautomaten kann 400,– DM pro Tag und an Automaten des kartenausgebenden Instituts zusätzlich 1000,– DM pro Woche abgehoben werden. Vgl. Harbeke, Bank, S. 35.

[438] Reiser,electronic cash, S. 12; Harbeke, a.a.O.; ders., WM S. 1713.

lich einzustehen, denn gemäß Ziffer 8 Abs. 1 der ec-Bedingungen hat er der Bank alle Aufwendungen zu ersetzen, die durch die Verwendung der Karte entstehen. Ist dem Kunden dieses Risiko zu hoch, so kann er von seinem Kreditinstitut eine beliebige Herabsetzung des Verfügungsrahmens verlangen.[439] Seine Aufwendungsersatzpflicht aus Ziffer 8 Abs. 1 in Verbindung mit §§ 675, 670 BGB wird damit begrenzt.

Der Karteninhaber ist in der Einsatzmöglichkeit seiner Karte nicht nur durch den festgelegten Verfügungsrahmen beschränkt, sondern darf von seiner ec-Karte auch nur im Rahmen seines Kontoguthabens bzw. eines vorher eingeräumten Kredits Gebrauch machen.[440] Die Bereitstellung des Verfügungsrahmens bedeutet nämlich kein Angebot auf Einräumung eines Darlehns. Überzieht der Karteninhaber gleichwohl vertragswidrig sein Konto, so stellt Ziffer 8 Abs. 1 S. 3 der ec-Bedingungen klar,[441] daß dem Kreditinstitut auch insoweit ein Aufwendungsersatzanspruch zusteht. Im übrigen ergibt sich ein Anspruch des Kreditinstituts aus positiver Vertragsverletzung sowie aus ungerechtfertigter Bereicherung (§§ 812, 818 Abs. 2 BGB).[442]

*(2) Verfügung eines Bevollmächtigten*

Das kartenausgebende Kreditinstitut hat nicht nur einen Anspruch auf Erstattung von Aufwendungen, die auf POS-Umsätze des Kontoinhabers zurückzuführen sind. POS-Verfügungen, die ein Bevollmächtigter vorgenommen hat und die dem Händler von der Bank honoriert worden sind, hat der Kontoinhaber ebenfalls zu bezahlen.

Wie in anderen Bereichen des Bankgeschäfts, so kann sich der Kontoinhaber nämlich auch bei der Abwicklung des automatisierten Zahlungsverkehrs vertreten lassen. Eine Bevollmächtigung eines Dritten kann allerdings nicht in der Form geschehen, daß der Kontoinhaber diesem seine ec-Karte übergibt und die Geheimzahl nennt. Ziffer 2 S. 2 der ec-Bedingungen besagt ausdrücklich, daß dem zu Bevollmächtigenden vom Kreditinstitut eine eigene Karte auszustellen ist.[443] Hinsichtlich des Umfangs der Vollmacht steht es den Vertragsparteien frei, ob sie die Vollmacht nur auf Verfügungen im automatisierten Zahlungsverkehr beschränken oder eine banküblich umfassende Vollmacht vereinbaren.[444]

---

439 Reiser, a.a.O.

440 Vgl. Ziffer 8 Abs. 1 der ec-Bedingungen.

441 Eine Kontoüberziehung kann bei einer on-line Autorisierung grundsätzlich nicht vorkommen; bei einer Chipkartenverfügung ist sie aber jederzeit möglich.

442 Vgl. Bieber, S. 12 und Canaris, Bankvertragsrecht 1988, Rdnr. 527 n.

443 A. A. offensichtlich Petring, S. 107, der trotz des Grundsatzes der Eigenverwendung der Karte einen Einsatz der Codekarte des Kontoinhabers durch einen Bevollmächtigten für unbedenklich hält.

444 Vgl. Reiser, electronic cash, S. 11.

Probleme können sich aber ergeben, wenn der Kontoinhaber die einmal erteilte Vollmacht widerruft. Solange nämlich eine wirksame Vertretungsregelung besteht, hat das Kreditinstitut das Recht, für die Begleichung der POS-Umsätze des Bevollmächtigten Aufwendungsersatz zu verlangen. Mit Widerruf würde die Vollmacht und damit gleichzeitig das Recht der Bank zur Belastung des Kontos erlöschen.[445] Der zuvor Bevollmächtigte kann aber, soweit er noch im Besitz von Scheckformularen ist, die Karte weiterhin im Eurochequeverfahren einsetzen. Soweit es sich bei der Karte um eine Chipkarte handelt, kann er diese an POS-Terminals ebenfalls weiter verwenden, da dort nicht jede einzelne Verfügung über die Rechenzentrale zu autorisieren ist. Lediglich bei Magnetstreifenkarten, bei denen jede einzelne Verfügung autorisiert wird, kann eine Kartensperre weitere unberechtigte Verfügungen des zuvor Bevollmächtigten verhindern.[446] Aus diesem Grund vereinbaren die Banken mit ihren Kunden, daß eine Widerruf der Vollmacht für den ec-Service erst mit Rückgabe der ec-Karte an das Kreditinstitut wirksam werden kann.[447]

Diese Regelung benachteiligt den Kontoinhaber auch nicht etwa unangemessen. Der Kontoinhaber muß als Vollmachtgeber für die Rückgabe der ec-Karte sorgen, denn nur er kann beispielsweise weitere Verfügungen mittels ec-Karte und eurocheque unterbinden.[448] Die getroffene Regelung entspricht im übrigen auch der in den §§ 170, 172 BGB niedergelegten Interessenwertung. Das kartenausgebende Kreditinstitut ist schließlich jedem Nehmer eines Scheckkartenschecks und jedem Händler, an dessen POS-Terminal eine Umsatz ordnungsgemäß autorisiert worden ist, verpflichtet. Diese Verpflichtung besteht unabhängig davon, ob eine Vollmacht widerrufen worden ist oder ob sie noch Bestand hat. Erst mit Rückgabe der ec-Karte ist eine weitere Inanspruchnahme der Bank ausgeschlossen.

Will das Kreditinstitut seinen Aufwendungsersatzanspruch nicht gefährden, so hat es seinerseits alle zumutbaren Maßnahmen zu ergreifen, um Verfügungen mit der ec-Karte nach Widerruf der Vollmacht zu unterbinden.[449] Das bedeutet, daß jedes Kreditinstitut, dem ein Widerruf einer Vollmacht für den ec-Service zugeht, diese Information unverzüglich an die Autorisierungszentralen weiterzuleiten hat. Es kann daraufhin eine Sperre installiert werden, die Verfügungen des zuvor Bevollmächtigten an Geldautomaten und POS-Terminals – soweit Magnetstreifenkarten eingesetzt werden – unmöglich machen.[450]

---

445 Harbeke, WM, S. 1711.
446 Vgl. Harbeke, WM, S. 1712.
447 Ziffer 2 S. 3 der ec-Bedingungen.
448 Reiser, electronic cash, S. 11.
449 Ziffer 2 S. 4 der ec-Bedingungen.
450 Reiser, electronic cash, S. 11, Harbeke, WM, S. 1712.

Darüber hinaus hat das kartenausgebende Kreditinstitut den Bevollmächtigten zur Rückgabe der ec-Karte aufzufordern.

Die Bank kann somit nach Kenntnis vom Widerruf der Bevollmächtigung – im Falle von Autorisierung und Honorierung weiterer Verfügungen des zuvor Bevollmächtigten – nur dann vom Kontoinhaber Ersatz ihrer Aufwendungen verlangen, wenn sie diese nicht durch Erfüllung der vorgenannten Verpflichtungen hätte verhindern können.[451]

### *(3) Beweislast*

Das kartenausgebende Kreditinstitut trägt für seinen Aufwendungsersatzanspruch gegen den Kunden aus Ziffer 8 Abs. 1 S. 1 der ec-Bedingungen in Verbindung mit §§ 670, 675 BGB die Darlegungs- und Beweislast.[452] Das bedeutet: Die Bank muß darlegen und beweisen, daß am POS-Kassenterminal des Händlers mit der Originalkarte des Kunden oder seines Bevollmächtigten unter Eingabe der zugehörigen PIN verfügt worden ist.[453]

Dieser Verpflichtung kann das kartenausgebende Institut aber nur schwerlich nachkommen, weil sich der zu beurteilende Sachverhalt in der Sphäre des Kunden am POS-Terminal abspielt. Der Bank bleibt daher nichts anderes übrig, als ihren Anspruch – gegebenenfalls in Zusammenarbeit mit dem posbetreibenden Händler – prima facie zu beweisen.[454]

Der Anscheinsbeweis stellt eine von der Rechtsprechung entwickelte besondere Art des Indizienprozesses dar. Dabei muß es sich um Fälle eines „typischen Geschehensablaufes" handeln. Das Gericht sieht denjenigen Verlauf, der bei der gegebenen Sachlage der Regel des Lebens, dem Üblichen, Gewöhnlichen entspricht, kraft freier Würdigung als erwiesen an. Unter typischen Geschehensabläufen sind dabei solche Tatbestände zu verstehen, bei denen eine ohne weiteres naheliegende Erklärung nach der allgemeinen Lebenserfahrung zu finden ist, und bei denen angesichts des typischen Charakters die konkreten Umstände des Einzelfalles für die tatsächliche Beurteilung – jedenfalls zunächst – ohne Belang ist.[455] Das bedeutet, daß das Kreditinstitut alle Fakten vorlegen muß, aus denen sich eine hohe Wahrscheinlichkeit für einen bestimmten Ablauf ableiten läßt.[456]

---

[451] Vgl. Reiser, a.a.O., S. 11.

[452] Vgl. Bieber, S. 12; Canaris, Bankvertragsrecht 1988, Rdnr. 527 m; Harbeke, WM, S. 1753; Werner, S. 129.

[453] Vgl. Anm. von Reiser zum Urteil des AG Nürnberg vom 15.10.1986 in WuB ID5 – 3.87.

[454] Reiser, electronic cash, S. 12; vgl. zum Geldautomatengeschäft nur AG Nürnberg WM 1987, 9, Canaris, Bankvertragsrecht 1988, Rdnr. 527 m, Harbeke, WM, S. 1753.

[455] BGH NJW 1982,2448; Baumbach-Hartmann, ZPO, Anhang § 286 3 B a; Stein-Jonas / Leipold, § 286 Rdnr. 88 m.w.Nachw.

[456] Schneider, Zahlungsverkehr, S. 88.

Beim POS-Zahlungsverfahren kann genauso wie beim Geldausgabeautomatengeschäft jeder einzelne Zahlungsvorgang im nachhinein nachvollzogen werden. Alle an einem Kassenterminal vorgenommenen Zahlungen werden in einem sogenannten Händlerjournal dokumentiert. Das Journal enthält den zu begleichenden Preis der Ware oder Dienstleistung, die Daten der eingesetzten ec-Karte und die Tatsache, daß die richtige PIN eingegeben wurde. Die Autorisierungsanfrage und -antwort werden sowohl im Händlerjournal als auch beim autorisierenden Kreditinstitut festgehalten. Darüber hinaus wird zusammen mit Datum und Uhrzeit für jede einzelne Autorisierung eine Nummer (AID) vergeben, mit der das Kreditinstitut nachweisen kann, daß der betreffenden Verfügung eine vorherige Autorisierungsanfrage zugrunde lag.[457] Schließlich ergibt sich aus der gesamten Dokumentation, daß der betreffende Zahlungsvorgang vom Terminal fehlerfrei und ohne Unstimmigkeiten abgewickelt wurde;[458] etwaige Fehlversuche werden aufgezeichnet.

Da beim POS-System die gleichen technischen Sicherungen wie beim Geldausgabeautomatensystem zum Einsatz kommen,[459] kann nach bisherigen Kenntnissen ausgeschlossen werden, daß die Verfügung am Terminal mittels gefälschter oder verfälschter ec-Karte bzw. errechneter oder „herausgelesener" PIN erfolgt ist.[460]

Karten mit Magnetstreifen können zwar grundsätzlich kopiert werden, ihr Einsatz an POS-Terminals ist jedoch sinnlos. Durch Verwendung des sogenannten MM-Merkmals, einem dem Wasserzeichen auf Banknoten vergleichbaren Sicherheitsmerkmal, werden Kartenfälschungen bzw. Duplikate vom Kassenterminal erkannt und abgewiesen.[461]

Die gemeinsam mit der ec-Karte in das POS-Terminal einzugebende PIN kann von einem Dritten weder durch Eindringen in das POS-Terminal noch durch Anzapfen von Leitungen oder durch Herauslesen aus der ec-Karte erlangt werden. Die PIN ist ausschließlich dem Karteninhaber bekannt. Bereits mit Eintippen in die Tastatur des Terminals wird die vierstellige Zahl unerkennbar verschlüsselt. Von dort wird die PIN verschlüsselt zum Bankrechner übertragen, wo die eigentliche PIN-Prüfung stattfindet. Mittels eines geheimen Schlüssels und der übermittelten Kartendaten wird die PIN errechnet und mit den eingetippten Ziffern verglichen. Nach erfolgreichem Abschluß aller Prüfungsvorgänge wird der angefragte POS-Umsatz autorisiert.

---

457 Reiser, electronic cash, S. 10, 12.

458 Vgl. auch OLG Celle WM 1985,655 und Welter, S. 12.

459 Jörn, POS S. T 1 und ders., Geldautomat S. T 1.

460 Bieber, S. 12; Blaurock, S. 565; Harbeke, WM, S. 1753. Bisher sind auch lediglich Fälle bekannt geworden, in denen „echte" Karten von unbefugten Dritten benutzt wurden: Siehe oben § 6 E.9.(S. 78f.).

461 Blaurock, S. 565; Harbeke, a.a.O.

Zu keinem Zeitpunkt ist also die PIN in POS-Terminal, Bankrechner, Leitung oder gar auf der Magnetkarte lesbar vorhanden oder gespeichert.[462] Ein Herauslesen der PIN ist also nicht möglich.

Eine Errechnung der PIN ist ohne Kenntnis des Dritten nicht zugänglichen, streng gesichert aufbewahrten Systemschlüssels ebenfalls nicht denkbar. Eine entsprechende Schlüsselsuche erfordert mit einem Arbeitsplatzrechner im Durchschnitt 286.000 Jahre. Zu diesem Ergebnis kommt ein forensisches Gutachten der Gesellschaft für Mathematik und Datenverarbeitung, welches für das Amtsgericht Bochum erstattet wurde.[463]

Ein noch höheres Sicherheitsniveau wird durch die nun eingeführte Chipkarte erreicht. Zum einen ist eine Duplizierung gänzlich unmöglich und zum anderen erfolgt die PIN-Prüfung bereits durch den Kartenchip innerhalb des Terminals. Eine leitungsgebundene Übertragung der verschlüsselten PIN ist damit nicht mehr erforderlich.[464]

Ein systembedingter Mißbrauch ist daher bei den heute bestehenden Sicherungen mit hoher Wahrscheinlichkeit ausgeschlossen.[465]

Legt das Aufwendungsersatz verlangende Kreditinstitut diesen Sicherheitsstandard dar und ergeben die Auswertungen der Dokumentationen keine greifbaren Anhaltspunkte für Aufzeichnungsfehler oder sonstige Funktionsstörungen oder Unregelmäßigkeiten, so sprechen diese Angaben dafür, daß unter Einsatz einer bestimmten ec-Karte über einen bestimmten Betrag verfügt worden ist. Da es sich beim Anscheinsbeweis lediglich um eine Vermutung eines bestimmten Geschehensablaufs handelt, unterliegt er der freien Beweiswürdigung des erkennenden Gerichts.[466]

Der Karteninhaber kann diesen Anscheinsbeweis nur entkräften, wenn er die ernstliche Möglichkeit eines vom gewöhnlichen Verlauf abweichenden Gangs des Geschehens darlegt, wobei er allerdings einen Gegenbeweis nicht führen muß. Keinesfalls ausreichend ist jedenfalls die pauschale Darlegung, das System sei unsicher, technisch unzulänglich und manipulierbar.[467]

---

[462] Jörn, POS S. T 1 und ders., Geldautomat S. T 1.

[463] Harbeke, WM, S. 1753, vgl. auch Urteil vom 11.2.1988 WM 1988,1629.

[464] Kruse, S. 793.

[465] Vgl. Bieber, S. 12; Blaurock S. 565, Harbeke, WM, S. 1753.

[466] Baumbach / Hartmann, ZPO, Anhang § 286 Rdnr. 3.

[467] Vgl. LG Saarbrücken WM 1987,9(10); Reiser, electronic cash, S. 12; Bieber, S. 12; Canaris, Bankvertragsrecht 1988, Rdnr. 527 m.

### bb) Sorgfaltspflichten und Obliegenheiten des Karteninhabers

Neben der Verpflichtung zum Aufwendungsersatz treffen den Karteninhaber nach Ziffer 5 der ec-Bedingungen verschiedene Pflichten beim Umgang mit der ec-Karte.

#### *(1) Aufbewahrungs- und Geheimhaltungspflicht*

Die ec-Karte und die eurocheque-Vordrucke – soweit vorhanden – sind mit besonderer Sorgfalt und getrennt voneinander aufzubewahren.[468] Damit ist gemeint, daß sowohl die Karte, als auch die eurocheque-Vordrucke nicht sorglos und unbeaufsichtigt, so z.B. im Auto, liegengelassen werden sollen. Ein Verlust durch Diebstahl soll auf diese Weise verhindert oder zumindest erschwert werden. Eine getrennte Aufbewahrung bewirkt, daß einem Dieb oder Finder nicht gleichzeitig Karte und eurocheques in die Hände fallen.

Soweit die Karte automatentauglich ist, gewinnt Ziffer 5 Abs. 2 der ec-Bedingungen an Bedeutung. Danach hat der Karteninhaber dafür Sorge zu tragen, daß ein Dritter keine Kenntnis von der Geheimzahl erlangt. Verletzt der Karteninhaber diese Geheimhaltungspflicht vorsätzlich, indem er seine PIN bewußt preisgibt, so hat er für einen daraus resultierenden Schaden einzustehen.[469] Wird die PIN auf der Karte notiert, kann dieses Verhalten nur als grob fahrlässig und ebenfalls haftungsbegründend bezeichnet werden. Fällt nämlich einem Dritten eine solche Karte in die Hände, so ist die Abhebung an Geldautomaten oder die Bezahlung an POS-Kassen nur noch ein „Kinderspiel“. Ein entsprechender Passus in Ziffer 5 Abs. 2 der ec-Bedingungen erscheint daher nahezu überflüssig.

Schreibt der Karteninhaber seine PIN in anderer Form zur Gedächtnisunterstützung nieder, kann ihm das nicht ohne weiteres als sorgfaltswidrig angelastet werden. Dies ist dem Karteninhaber bereits deshalb zu konzedieren, weil sich nur sehr wenige Menschen auf Dauer eine vierstellige Zahl merken können. Das gilt um so mehr, wenn diese Zahl nur sporadisch gebraucht wird. Eine schriftliche Gedächtnisstütze muß aber in jedem Fall so beschaffen sein, daß Dritte sie nicht oder nur schwer ausmachen können. Eine „Verschlüsselung“ innerhalb eines Notizbuches, beispielsweise in einem Geburtsdatum oder einer Telefonnummer, muß daher als zulässig erachtet werden.[470] Schließlich soll es sich bei der automatentauglichen ec-Karte um eine Massen-

---

[468] Ziffer 5 Abs. 1 der ec-Bedingungen.

[469] Reifner, S. 1918.

[470] Reifner, S. 1918f.

zahlungsmittel handeln. Daher sind die Sorgfaltsanforderungen auch so zu bemessen, daß die „Masse" der Karteninhaber sie zu erfüllen imstande ist.[471]

*(2) Benachrichtigungspflicht*

Neben der sorgfältigen Aufbewahrung der Karte und Geheimhaltung der PIN ist der Karteninhaber bei Abhandenkommen der ec-Karte oder bei mißbräuchlichen Verfügungen an ec-Geldautomaten oder POS-Kassen zur unverzüglichen Benachrichtigung der kontoführenden Stelle oder des zentralen Sperrannahmedienstes verpflichtet.[472] Die kontoführende Stelle kann der Karteninhaber nur während der Geschäftzeit erreichen. Der „Zentrale Sperrannahmedienst" ist dagegen an sieben Tagen in der Woche Tag und Nacht erreichbar.[473]

Zusätzlich hat der Karteninhaber die Polizei zu verständigen.

*c) Haftung bei mißbräuchlicher Verfügung*

Hat der Kontoinhaber seine ec-Karte am POS-Terminal des Händlers eingesetzt und ist dieser Umsatz autorisiert worden, so erhält der Händler den verfügten Betrag vom kartenausgebenden Kreditinstitut. Die Bank darf das Konto des Karteninhabers belasten, denn es steht ihr ein entsprechender Aufwendungsersatzanspruch zu.[474]

Gelangt ein unbefugter Dritter in den Besitz der dem Karteninhaber ausgegebenen Originalkarte und der dazugehörigen PIN, so sind mißbräuchliche Verfügungen an jedem POS-Terminal möglich. Der jeweilige POS-Umsatz wird nämlich ebenfalls autorisiert, sofern der Kontoinhaber nicht bereits den Verlust bzw. Diebstahl der Karte bemerkt und eine Sperre veranlaßt hat. Das kartenausgebende Kreditinstitut ist dem Händler also auch bei mißbräuchlichem Einsatz der Karte aufgrund des erteilten Schuldversprechens (Autorisierung) zur Honorierung des verfügten Betrages verpflichtet.[475] Gegen den kriminell handelnden Dritten besteht zwar ein Anspruch aus unerlaubter Handlung, der jedoch in der Regel nichts nutzt, weil der Dritte nicht festgestellt werden kann oder häufig insolvent ist.[476]

---

471 Vgl. Werner, S. 151f.

472 Vgl. Ziffer 5 Abs. 3 der ec-Bedingungen.

473 Kritisch dazu Reifner, S. 1913 Fn.16, der zu Recht darauf hinweist, daß die Telefonnummer (069/740987) des Sperrannahmedienst sich nur schwer einprägen läßt.

474 Siehe oben § 6 H.5.b)aa) (S. 109f.).

475 Siehe oben § 6 E.9. (S. 78ff., 81).

476 Vgl. Reifner, S. 1914.

Vor diesem Hintergrund bedurfte es einer Regelung darüber, ob letztendlich die Bank oder der Kontoinhaber, mit dessen Karte verfügt worden ist, für den entstandenen Schaden zu haften hat.

### aa) Die Ziffern 9 Abs. 2 der Banken- und Sparkassen-ec-Bedingungen

Die Folgen einer mißbräuchlichen Verwendung einer ec-Karte an POS-Kassen (und Geldausgabeautomaten) sind in den Ziffern 9 Abs. 2 der ec-Bedingungen beschrieben worden. Die Bestimmungen sind dabei als Modifizierung und Einschränkung der Regelung der Ziffer 8 Abs. 1 zu verstehen, die eine grundsätzliche Einstandspflicht des Kontoinhabers für alle Verfügungen vorsieht. Insoweit sind die Ziffern 9 und 8 als Einheit anzusehen.[477] Die Haftungsregelung der Ziffer 9 ist unterschiedlich für den Bereich der Banken einerseits und der Sparkassen andererseits.

Nach der für den Bankensektor geltenden Regelung[478] tragen die Kreditinstitute nach Eingang der Verlustanzeige alle aufgrund einer mißbräuchlichen Verwendung der ec-Karte entstandenen Schäden. Bis zu diesem Zeitpunkt übernimmt die Bank 90% der so entstandenen Schäden, während der Kunde lediglich in Höhe von 10% des gemäß Ziffer 7 der ec-Bedingungen vereinbarten Verfügungsrahmens zu haften hat.

Die Regelung im Sparkassenbereich[479] entspricht der Bankenregelung nach Eingang der Verlustanzeige. Mißbräuchliche Verfügungen nach diesem Zeitpunkt werden in voller Höhe von der Sparkasse getragen. Vor Eingang der Verlustanzeige übernimmt das Kreditinstitut den Schaden, wenn der Karteninhaber den Verlust der Karte unverzüglich angezeigt und keine wesentlichen Obliegenheiten – insbesondere aus Ziffer 5 – grob fahrlässig verletzt hat.

Das kontoführende Kreditinstitut übernimmt u.a. den Schaden dann nicht, wenn der Schaden dadurch verursacht wurde, daß

- der Originalbrief, in welchem dem Kunden die persönliche Geheimzahl mitgeteilt wurde, zusammen mit der Automatenkarte abhanden gekommen ist,
- die persönliche Geheimzahl auf der ec-Automatenkarte vermerkt oder mit der Karte in sonstiger Weise unmittelbar verbunden wurde. In diesen Fällen trägt der Kontoinhaber den Schaden, jedoch begrenzt auf 400,– DM pro Kalendertag bzw. bei Verfügungen an ec-Geldautomaten im Ausland bis zur Höhe des in dem jeweiligen Land geltenden ec-Garantiehöchstbetrages.

---

477 Vgl. a.a.O., S. 1915; Harbeke, WM S. 1753.

478 Ziffer 9 Abs. 2 der Banken-ec-Bedingungen.

479 Ziffer 9 Abs. 2 der Sparkassen-ec-Bedingungen.

Damit unterscheiden sich die Regelungen der Sparkassen von denjenigen der Banken im wesentlichen dadurch, daß der Sparkassenkunde von der Haftung für Schäden aus mißbräuchlicher Verwendung seiner ec-Karte grundsätzlich zu 100 % freigestellt wird. Das gilt allerdings nur, soweit er vertragliche Obliegenheiten nicht grob fahrlässig verletzt hat.[480]

Das Kreditgewerbe hat mit dieser Haftungsregelung in den ec-Bedingungen die Ziffern 6 und 7 der „Bedingungen für die Benutzung von ec-Geldautomaten" fortgeschrieben. Den Geldautomatenbedingungen zufolge hatte der Karteninhaber für alle Schäden aufzukommen, die durch mißbräuchliche Verwendung der ihm ausgehändigten ec-Karte verursacht wurden.

Die Rechtsprechung und die überwiegende Meinung in der Literatur erachteten diese Klausel für wirksam und mit dem AGB-Gesetz für vereinbar. Die vorgenommene Haftungsverteilung nach Risikosphären wurde als sachgerecht und angemessen beurteilt.[481] Ungeachtet dieser Rechtslage übernahm das Kreditgewerbe jedoch Mißbrauchsschäden in dem Umfang, wie dies die heutigen Ziffern 9 der ec-Bedingungen vorsehen.[482] Die Haftungsbestimmungen in den neuen ec-Bedingungen sind somit lediglich als Anpassung an die ohnehin schon bestehende Regulierungspraxis der Banken und Sparkassen zu verstehen. Der Benutzer des POS-Systems (und der Geldautomaten) hat insoweit eine vertragliche Besserstellung erfahren und muß sich nicht mehr auf eine mehr oder weniger unsichere, kulanzweise Schadensübernahme durch die Kreditinstitute verlassen.

Dennoch sind die Automatenkarteninhaber auch weiterhin Schadensersatzrisiken ausgesetzt. So können beispielsweise einem Bankkunden, dem für seine ec-Karte ein durchschnittlicher Verfügungsrahmen von 3000,– DM pro Woche zur Verfügung steht, durch mißbräuchliche Verwendung seiner Karte und PIN an POS-Kassenterminals ein Schaden in Höhe von 300,– DM wöchentlich entstehen.[483] Entdeckt der Kontoinhaber den Kartenverlust – aus Gründen, die er möglicherweise nicht zu vertreten hat – erst nach drei Wochen und sperrt die Karte dann, so kann sich der Schaden für ihn bereits auf 900,– DM summiert haben. Der Schaden kann entsprechend höher sein,

---

480 Vgl. Blaurock, S. 567.

481 Siehe nur LG Saarbrücken WM 1988,377, AG Saarbrücken WM 1987,810, LG Wuppertal NJW 1988,500, LG Duisburg WM 1989,879; Reiser, Rechtliche Aspekte, S. 1402, Bieber, S. 13f., Canaris, Bankvertragsrecht 1988, Rdnr. 527o; a.A. Werner, S. 130ff. und Petring, S. 214ff., der eine der Ziffer 6 der „ec-Geldautomatenbedingungen" entsprechende Risikoabwälzung (auch) für das POS-Verfahren als mit § 9 AGBG für unvereinbar hält.

482 Das erfolgte wohl aus dem Bedenken heraus, die Akzeptanz der neu geschaffenen Automatenkarte und ihre beabsichtigte Fortentwicklung als Massenzahlungsmittel (POS-System) nicht zu gefährden. Vgl. hierzu Reiser, electronic cash, S. 13; Harbeke, WM, S. 1710.

483 10 % von 3000,– DM gemäß Ziffer 9 Abs. 2 der ec-Bedingungen.

je größer der individuelle Verfügungsrahmen ist und je später der Kartenverlust entdeckt wird.

### bb) Vereinbarkeit der Haftungsregelungen mit § 9 AGBG

Unter Berücksichtigung der vorgenannten Haftungsrisiken stellt sich die Frage, ob die Ziffern 9 Abs. 2 der ec-Bedingungen einer Inhaltskontrolle gemäß § 9 AGBG standhalten.

Nach § 8 AGBG unterliegen jedoch nur solche Allgemeinen Geschäftsbedingungen der Inhaltskontrolle gemäß § 9 AGBG, durch die eine Regelung getroffen wird, welche von Rechtsvorschriften abweicht oder sie ergänzt.

Ziffer 9 Abs. 2 der ec-Bedingungen (i.V.m. Ziffer 8) sieht eine Einstandspflicht des Bankkunden in den Fällen vor, in denen nicht der berechtigte Kunde, sondern ein unbefugter Dritter mit der Automatenkarte eine Verfügung trifft. Die gesetzliche Regelung des § 670 BGB hingegen verpflichtet den Kunden der Bank nur dann zum Aufwendungsersatz, wenn der Berechtigte von der Automatenkarte Gebrauch macht und so der Bank im Rahmen des Geschäftsbesorgungsverhältnisses die Weisung erteilt, eine Geldschuld gegenüber dem Händler zu begleichen.[484] Bei POS-Verfügungen unbefugter Dritter fehlt es an einer entsprechenden Weisung des Bankkunden. Weiterhin soll der Kunde nach Ziffer 9 Abs. 2 der Sparkassen-ec-Bedingungen nur haften, soweit er grobfahrlässig vertragliche Obliegenheiten verletzt. Nach den Grundsätzen der positiven Vertragsverletzung hätte der Kunde aber auch für Schäden einzustehen, die aus einem leicht fahrlässigen Verhalten resultieren.[485]

Ziffer 9 Abs. 2 der ec-Bedingungen enthält mithin Bestimmungen, die von Rechtsvorschriften[486] abweichen und daher als Allgemeine Geschäftsbedingungen gemäß § 9 AGBG überprüft werden dürfen.

Ein Verstoß gemäß § 9 AGBG liegt dann vor, wenn der Bankkunde und Karteninhaber durch die getroffene Haftungsverteilung entgegen den Geboten von Treu und Glauben in unangemessener Weise benachteiligt wird.

Erste Stellungnahmen in der Literatur zum POS-Zahlungsverfahren sehen die Ziffern 9 Abs. 2 der ec-Bedingungen als sachgerechte Regelungen und mit dem AGBG vereinbar an.[487] So hat Blaurock[488] keine Bedenken gegen die in

---

[484] Vgl. zur Weisung: § 6 H.II.5.a)aa) (S. 103f.).

[485] Harbeke, WM,S. 1749.

[486] Dazu zählen auch ungeschriebene Rechtsgrundsätze und Richterrecht (z.B. PVV): Vgl. Palandt-Heinrichs, § 8 AGBG Anm. 2)b)aa).

[487] Blaurock, S. 567; Reiser, electronic cash, S. 13f.; Harbeke, WM, S. 1750ff.; a.A. Reifner, S. 1916.

[488] Blaurock, a.a.O.

Ziffer 9 Abs. 2 getroffene Regelung. Er hält diese für geeignet, das Vertrauen der Bankkunden in die neuen Techniken des Zahlungsverkehrs zu stärken. Auch Reiser[489] sieht in der Regelung eine Verbesserung der Haftungssituation des Kunden. Darüber hinaus entspreche sie den Forderungen der EG-Kommission in deren „Empfehlung zu Zahlungssystemen". Harbeke[490] beurteilt die fortentwickelte Bestimmung der Ziffer 9 Abs. 2 als eine nicht zu beanstandende Haftungsverteilung nach Risikosphären. Demgegenüber vertritt Reifner[491] die Auffassung, daß insbesondere die verschuldensunabhängige Eintrittspflicht des Kunden eine interessenwidrige Garantiehaftung bedeute, welche mit § 9 AGBG nicht zu vereinbaren sei.

Gerichte waren, soweit ersichtlich, mit dieser Frage noch nicht befaßt.

Den Haftungsbedingungen liegt, soweit sie eine Schadensübernahme in Höhe von 10% vorsehen, die sogenannte Sphärentheorie zugrunde. Die von Ulmer[492] zunächst für das Wertpapierrecht entwickelte Theorie besagt im wesentlichen, daß der Kunde für alle Schäden zu haften hat, die dem von der Bank nicht beherrschbaren Risiko- und Einflußbereich des Kunden entstammen, und zwar auch, soweit diesen kein Verschulden trifft. Diese Haftungsverteilung hat später Einzug gefunden in die Scheckbedingungen[493], in die vormaligen Bedingungen für ec-Karten[494], die Bedingungen für die Nutzung von Bildschirmtext[495] sowie in die Geldautomatenbedingungen. Sowohl Rechtsprechung, als auch die überwiegende Meinung in der Literatur sind sich darin einig, daß eine Haftungsverteilung nach Risikosphären angemessen und mit § 9 AGBG vereinbar ist.[496]

### *(1) Verschuldensabhängige Haftung*

Soweit Ziffer 9 Abs. 2 der Sparkassen-ec-Bedingungen eine Haftung des Karteninhabers für Schäden vorsieht, die auf eine grob fahrlässige Verletzung von Obliegenheiten zurückzuführen sind, kann es sich nur um Fallkonstellationen handeln, die sämtlich in die Verantwortungssphäre des Karteninhabers fallen. Es ergeben sich dabei keinerlei Bedenken, daß der Kontoinhaber für

489 Reiser, electronic cash, S. 14.
490 Harbeke, WM, S. 1750ff.
491 Reifner, S. 1916.
492 Ulmer, Wertpapiere, S. 315ff.
493 Ziffer 11 der Scheckbedingungen.
494 Dort Ziffer 5.
495 Dort Ziffer 9.
496 Zum Scheckverkehr: BGH WM 1984,1213(1214); Baumbach / Hefermehl, Art. 3 SchG, Canaris, Bankvertragsrecht 1988, Rdnr. 711; a.A. Koller, S. 821 (825). Zum Geldautomatengeschäft: LG Saarbrücken WM 1988,377; AG Saarbrücken WM 1987,810(811); a.A. Werner, S. 132ff.

die Folgen des gleichzeitigen Verlustes von ec-Karte und des die Geheimzahl enthaltenden Originalbriefes, sowie für das Abhandenkommen einer Karte, auf der die Geheimzahl vermerkt ist, einstehen soll. In beiden Fällen handelt es sich um einen eklatanten Verstoß gegen „Kardinalpflichten" des Karteninhabers; ihm ist ohne weiteres der Vorwurf der groben Fahrlässigkeit zu machen.

Des weiteren erscheint es ebenso angemessen, den Karteninhaber für eine vorsätzliche Preisgabe von Geheimnummer und ec-Karte haften zu lassen.

Fraglich ist jedoch, ob sich auch derjenige Kunde grob sorgfaltswidrig verhält, dessen Geheimnummer beim Vorgang des Eintippens – an Kassen in Supermärkten oder Tankstellen kann es schnell zu Warteschlangen und Gedränge kommen – ausgespäht und dessen ec-Karte trotz sorgfältiger Verwahrung alsdann entwendet wird. Hier kommt es sicherlich auf die örtlichen Gegebenheiten an. Anders als an einem Geldautomaten, der sich häufig in einem separaten Raum einer Bank befindet, kann die unbeobachtete PIN-Eingabe an einem Kassenterminal – trotz vorhandener verdeckter Tastatur der Kundenbedienereinheit – im Einzelfall schwierig sein. Der POS-Kassenbetreiber hat geeignete Vorkehrungen zu treffen, die beispielsweise verhindern, daß im Kassenbereich nachfolgende Kunden hinter dem gerade am Terminal zahlenden Kunden nicht „zu dicht aufrücken". Der „POS-Kunde" muß in der Lage sein, die Geheimzahl gänzlich unbeobachtet eingeben zu können. Ist das nicht gewährleistet, so hätte sich der Kunde, dessen PIN ausgespäht worden ist, im Zweifel nicht grob, sondern nur leicht fahrlässig verhalten. Damit träfe ihn in diesen Fällen nicht die Haftung in Höhe von 100 % des eingetretenen Schadens.

Darüber hinaus kann es im Einzelfall schwierig sein, festzustellen, ob der Kontoinhaber seine Bank oder den Zentralen Sperrannahmedienst rechtzeitig vom Kartenverlust- oder Mißbrauch benachrichtigt hat.[497] Nach Ziffer 5 Abs. 3 der ec-Bedingungen hat dies „unverzüglich" zu erfolgen. Da der Kunde insbesondere bei Besitz einer Automatenkarte zur Überwachung seines Kontos verpflichtet ist, hat er beispielsweise bei einer auswärtigen Tätigkeit von längerer Dauer für eine Nachsendung der Kontoauszüge Sorge zu tragen. Verhält er sich nicht entsprechend, handelt er pflichtwidrig. Auch hier ist im Einzelfall zu klären, ob das Verhalten als grob sorgfaltswidrig und damit in vollem Umfang haftungsbegründend oder nur als leicht fahrlässig zu bewerten ist.

Insgesamt erscheint jedoch eine Regelung, welche die volle Verantwortlichkeit des Kontoinhabers an grobe Pflichtverstöße aus seinem Einfluß- und Verantwortungsbereich knüpft, als angemessen und mit Ziffer 9 AGBG vereinbar. Das gilt nicht zuletzt deshalb, weil Ziffer 9 Abs. 2 den Kunden gegenüber

[497] Vgl. Blaurock, S. 567.

der allgemeinen zivilrechtlichen Haftungsregelung besser stellt: Nach den Grundsätzen der positiven Vertragsverletzung hätte er für alle Schäden in vollem Umfang einzustehen, die aus einem leicht fahrlässigen Verlust der Karte resultieren.[498]

Die Kreditinstitute haben ihrerseits dafür einzustehen, daß jeder vom Kontoinhaber gemeldete Kartenverlust oder -mißbrauch eine unmittelbare Kartensperre nach sich zieht.[499] Werden dennoch Autorisierungsanfragen fälschlicherweise positiv beschieden, weil eine Kartensperre verspätet oder gar nicht eingegeben wurde, so ist das als Mitverschulden im Rahmen von § 254 BGB zu berücksichtigen.[500] Das gilt ebenso für eine unsorgfältige Prüfung der in das Kassenterminal eingegebenen PIN und des Verfügungsrahmens.[501]

*(2) Verschuldensunabhängige Haftung*

Die Kunden des Bankenbereichs sollen nach Ziffer 9 Abs. 2 der ec-Bedingungen bis zum Eingang einer Verlustanzeige bei mißbräuchlicher Verwendung der ec-Karte in Höhe von 10% des Schadens auch dann haften, wenn ihnen kein schuldhaftes Verhalten vorgeworfen werden kann.

Fraglich ist, ob sich der Bankensektor mit dieser Regelung von Haftungskonstellationen freizeichnen will, für die er billiger- und sachgerechter Weise einzustehen hätte.

Mißbräuchliche Verfügungen Dritter, bei denen dem Kontoinhaber kein Schuldvorwurf gemacht werden kann, erscheinen in folgenden Fällen denkbar:

Der Karteninhaber übergibt einem Dritten die ec-Karte und die PIN nach vorausgegangener, widerrechtlicher Drohung, oder die Karte nebst PIN wird trotz sorgfältiger und getrennter Aufbewahrung bzw. Aufzeichnung entwendet.

---

498 Vgl. Harbeke, WM, S. 1749.

499 Mittlerweile sind alle Autorisierungszentralen der Kreditinstitute miteinander vernetzt. Gemeldete Kartensperren werden alle zwei Stunden in sämtliche Autorisierungsnetze eingegeben. Damit entfällt eine sogenannte „Nachhaftung" des Kunden von bis zu zwei Tagen. Eine Sperre kann sofort wirksam werden. Vgl. Harbeke, WM, S. 1753 aE; a. A. noch Blaurock, S. 567, Reifner S. 1913. Bezüglich der Chipkarte ist allerdings anzumerken, daß trotz rechtzeitiger Kartensperre, Verfügungen durch Unbefugte bis zu einer on-line Autorisierungsanfrage des Händlers weiter möglich bleiben. Sperrdateien werden nämlich nur in den Autorisierungszentralen der Banken und nicht in den Kassenterminals der Händler gespeichert. Der Kontoinhaber muß sich bei seiner Bank um Wiedergutschrift des trotz Kartensperre dem Konto zu Unrecht belasteten Verfügungsbetrages bemühen.

500 Vgl. auch Reifner, S. 1919 zur Identitätsprüfungspflicht.

501 Harbeke, WM, S. 1752 sieht es als Voraussetzung für ein Eingreifen der Haftungsklausel Ziffer 9 Abs. 2 der ec-Bedingungen an, daß die Bank ihre Prüfungspflichten ordnungsgemäß erfüllt hat.

Selbst in diesen extrem gelagerten Fällen kann von einem nicht schuldhaften Verhalten auch nur dann gesprochen werden, wenn der Kunde seiner Pflicht zur unverzüglichen Benachrichtigung gemäß Ziffer 5 Abs. 3 der ec-Bedingungen nachgekommen ist. Damit bleiben nur noch sehr wenige verschuldensunabhängige Haftungskonstellationen faktisch relevant. Für diese Ausnahmefälle erscheint eine vertragliche Risikoabwälzung nicht unbillig, wenn man berücksichtigt, daß sich in ihnen letztlich nur das allgemeine Lebensrisiko des Bankkunden verwirklicht. Genauso wie Bargeld, Schecks oder Wechsel infolge Erpressung oder Diebstahl abhanden kommen können, kann dies schließlich auch mit der ec-Karte und PIN geschehen. Gelangt ein Erpresser oder Dieb in den Besitz von Original-ec-Karte und -PIN und wird auf diese Weise in die Lage versetzt, Verfügungen am POS-Terminal vornehmen zu können, so realisiert sich damit kein spezifisches Risiko des POS-Systems.

Gegen eine verschuldensunabhängige Risikoabwälzung könnte lediglich der Einwand verbleiben, daß in diesen Extremfällen die POS-Verfügungen unbefugter Dritter nicht auf entsprechenden Weisungen der Bankkunden im Sinne von §§ 675, 665 BGB[502] beruhen.

Grundsätzlich ist die Bank zur Prüfung der Identität des Verfügenden verpflichtet.[503] Das geschieht bei einer Verfügung per Scheck oder Überweisung durch Prüfung der Unterschrift; bei Verfügung mittels Automatenkarte tritt die Eingabe der PIN an die Stelle der Unterschriftsleistung. Zwar ist die PIN im Gegensatz zur Unterschrift nicht fälschbar – es gibt nur eine richtige oder eine falsche PIN –, doch kann mit ihr nicht die Identität des Verfügenden festgestellt werden.[504] Das ist jedoch darauf zurückzuführen, daß die Prüfungsmöglichkeiten der Bank im Massenzahlungsverkehr begrenzt sind. Alternative Identifikationsmöglichkeiten, wie zum Beispiel die Identifizierung mittels Fingerabdruck, Augeniris etc. werden seit Jahren erprobt. Für einen Einsatz sind diese Sicherungsmethoden allerdings noch nicht ausgereift.[505]

Unter Zugrundelegung des derzeitigen Standes der Technik handelt es sich bei der PIN in Verbindung mit der ec-Karte um ein im hohen Maße fälschungssicheres System, welches eine Teilnahme am Massenzahlungsverkehr ermöglicht.

Darüber hinaus ist zu berücksichtigen, daß es sich bei den hier in Rede stehenden Sachverhalten ohnehin um außergewöhnliche, extrem gelagert Fälle handelt. Hat ein Erpresser oder Dieb Erfolg und gelangt er in den Besitz von

---

502 Zur Weisung siehe oben § 6 H.II.5.a)aa)(S. 103f.).

503 Vgl. BGHZ 91,229; Baumbach / Hefermehl, Art. 3 SchG Rdnrn. 10f.; Canaris, Bankvertragsrecht, 1988 Rdnr. 712.

504 Vgl. Blaurock, S. 567.

505 Harbeke, WM, S. 1752; a.A. Reifner, S. 1916.

ec-Karte und PIN, so verwirklicht sich ein Risiko, das seinen Ursprung in der Einfluß- und Verantwortungssphäre des Kunden hat und von der Bank nicht beherrschbar ist. Es wäre unbillig, die Bank und damit über deren Kostenkalkulation letztlich auch die anderen Kontoinhaber für die sich daraus ergebenden Schäden einstehen zu lassen.[506] Im Beispielsfall der Erpressung hat der Kontoinhaber zudem seinerseits die Möglichkeit, eine unverzügliche Sperre seiner ec-Karte zu veranlassen, um so einen Schaden gänzlich zu verhindern oder aber gering zu halten.

Im übrigen bleibt die Haftung des Kontoinhabers im Rahmen des Verfügungslimits auf eine Höhe von 10% beschränkt. Dieser überschaubare Haftungsanteil des Kunden kann darüber hinaus den für alle Beteiligten vorteilhaften Nebeneffekt haben, daß beim Umgang mit ec-Karte und PIN noch größere Sorgfalt angewandt wird.

Will ein Kontoinhaber das verbleibende Restrisiko nicht tragen, so kann er jederzeit die Automatentauglichkeit seiner Karte stornieren lassen. Barabhebungen sind ihm auch weiterhin am Bankschalter möglich; anstelle einer Verfügung am POS-Terminal kann er den Händler bar oder per Scheck bezahlen.

Soweit eingewandt wird, daß eine „Garantiehaftung" des Kontoinhabers dem Bankgewerbe den Anreiz zur Systemverbesserung nimmt,[507] vermag dies nicht zu überzeugen. Schließlich haben die Banken für Schäden aus mißbräuchlichen Verfügungen bis zur Anzeige des Kartenverlustes in Höhe von 90% einzustehen. Da sie diese Beträge direkt oder in Form von Versicherungsprämien zahlen müssen, gibt es ausreichenden Anreiz, die Systemsicherheit noch zu optimieren.

Insgesamt erscheint somit eine Regelung, die dem Kunden die Haftung schuldunabhängig für Schäden auferlegt, die ihre Ursache in seiner Sphäre haben, sachgerecht, angemessen sowie mit den Geboten von Treu und Glauben für vereinbar.

Die Klauseln der Ziffern 9 Abs. 2 der ec-Bedingungen verstoßen nicht gegen § 9 AGBG und sind daher wirksam.

---

506 Siehe auch Canaris, Bankvertragsrecht 1988, Rdnr. 527o.

507 Reifner, S. 1916.

## Zusammenfassung der wichtigsten Ergebnisse

1. Beim POS-Zahlungsverfahren handelt es sich um ein automatisiertes, kartengesteuertes Zahlungssystem eigener Art, das Elemente des Kreditkarten- und des Scheckkartenverfahrens in sich vereint. Der Kunde kann mit Hilfe einer Codekarte – derzeit in der Regel seiner eurocheque-Karte – sowie einer persönlichen Geheimzahl (PIN) bei Handels- und Dienstleistungsunternehmen (Händlern) Zahlungen bis zu einem bestimmten Höchstbetrag leisten.

2. Im Gegensatz zum europäischen- und außereuropäischen Ausland befindet sich das POS-System in Deutschland allerdings noch in der Aufbauphase. Um insbesondere den Anschluß an den Entwicklungsstand europäischer Nachbarländer auf dem Gebiet der automatisierten Zahlungssysteme zu erlangen, führt das deutsche Kreditgewerbe vor der bundesweiten Einführung einen (letzten) Feldversuch in der Stadt Regensburg durch. Dort können an den Kassenterminals der Händler neben den bisherigen ec-Magnetstreifenkarten auch sogenannte Chipkarten eingesetzt werden. Wann das POS-System bundesweit genutzt werden kann, hängt letztlich von der Akzeptanz durch die Händler und Karteninhaber ab.

3. Die durch das neue, elektronische Zahlungssystem aufgeworfenen rechtlichen Fragen sind im wesentlichen mit den vom Scheckkarten- und Kreditkartenverfahren bekannten dogmatischen Strukturen zu lösen.

4. Rechtliche Grundlage des gesamten POS-Zahlungsverfahrens ist die sogenannte POS-Vereinbarung. Darin regeln die Spitzenverbände der Kreditinstitute, die Deutsche Bundespost und die GZS die Grundsätze zur Schaffung und zum Betrieb eines POS-Systems. Der Zusammenschluß ist als Gesellschaftsvertrag im Sinne von § 705 BGB einzuordnen. Zu den Kreditinstituten (Geschäftsbanken), die sich dieser Vereinbarung anschließen, besteht ein Auftragsverhältnis (§ 662 BGB).

5. Die GZS schließt mit pos-teilnahmewilligen Händlern sogenannte Händlerverträge. Die Pflichten der GZS, die unter anderem in der Vermittlung von Autorisierungsanfragen der Händler bestehen, sind geschäftsbesorgungsrechtlicher Natur (§§ 631, 675 BGB). Kommt es auf Anfrage des Händlers zur (positiven) Autorisierung eines POS-Umsatzes durch das kartenausgebende Kreditinstitut, so geschieht dies durch Abgabe einer elektronischen Willenserklärung, die als echte Willenserklärung zu behandeln ist. Der Händler erhält mit dieser Erklärung ein Schuldversprechen gemäß § 780 BGB.

Der Händlervertrag ist in Ziffer 1 Abs. 2 als Vertrag zugunsten Dritter im Sinne von §§ 328 ff. BGB ausgestaltet. Dem Inhaber einer pos-tauglichen Karte wird gegenüber dem Händler ein direkter Anspruch auf Einverständnis mit bargeldloser, elektronischer Zahlung eingeräumt.

6. Durch Abschluß eines speziellen Kartenvertrages ermöglicht das Kreditinstitut seinen Kunden die Teilnahme am POS-Zahlungsverfahren, indem es den bestehenden Girovertrag erweitert. Die Kartenabrede ist als Werkvertrag zu qualifizieren, der eine Geschäftsbesorgung zum Gegenstand hat (§§ 631, 675 BGB). Mit Einsatz der Karte am POS-Terminal des Händlers erteilt der Karteninhaber dem kontoführenden Institut eine Weisung gemäß §§ 675, 665 BGB. Autorisierte POS-Umsätze werden den Händlern von den kartenausgebenden Banken vergütet. Die Kreditinstitute erhalten gegenüber ihren Kunden einen Aufwendungsersatzanspruch, der sich auf alle POS-Verfügungen unter Einsatz von Originalkarte und PIN bezieht. Bestreitet der Kontoinhaber, eine POS-Verfügung vorgenommen zu haben, so kann sich die Bank auf den sogenannten Anscheinsbeweis berufen, wenn die POS-Dokumentation der Bank und des Händlerterminals keine Unregelmäßigkeiten ausweist.

Anstelle der bisherigen Bedingungen für ec-Karten und die Benutzung von ec-Geldausgabeautomaten vereinbaren die Banken nunmehr mit den Kontoinhabern die Bedingungen für den ec-Service. Eine wesentliche Änderung hat dabei die Haftungsregelung für die mißbräuchliche Verwendung der ec-Karte erfahren. Gegenüber den bisherigen Bedingungen wird die Haftung der Kontoinhaber durch Ziffer 9 Abs. 2 der ec-Bedingungen in weitem Umfang beschränkt bzw. ausgeschlossen. AGB-rechtliche Bedenken gegen die vorgenommene Haftungsverteilung nach Risikosphären bestehen nicht. Das POS-System kann infolge der Übernahme und Fortentwicklung der Sicherheitsstrukturen des Geldausgabeautomatensystems in hohem Maße als sicher vor Mißbräuchen Dritter gelten. Kommt es dennoch zu einer mißbräuchlichen Verfügung durch Dritte, so kann das im wesentlichen nur auf sorgfaltswidrige Verwahrung der ec-Karte und PIN bzw. auf eine verspätet vorgenommene Verlustmeldung und damit auf Verhalten des Kunden zurückzuführen sein.

# Anhang

Nachfolgend werden die „Vereinbarung über ein institutsübergreifendes System zur bargeldlosen Zahlung an automatisierten Kassen" (A.), der „Vertrag über die Teilnahme am POS-System des deutschen Kreditgewerbes" (B.), die „Richtlinien für POS-Kassen" (C.), sowie die „Bedingungen für den ec-Service" (D.) wiedergegeben.

## A. Vereinbarung über ein institutsübergreifendes System zur bargeldlosen Zahlung an automatisierten Kassen (POS-System)

Der

Bundesverband der Deutschen Volksbanken und Raiffeisenbanken e.V., Bonn,

Bundesverband deutscher Banken e.V., Köln,

Deutsche Sparkassen- und Giroverband e.V., Bonn,

die

Deutsche Bundespost
– vertreten durch den Bundesminister für das Post- und Fernmeldewesen –

sowie die

GZS Gesellschaft für Zahlungssysteme mbH, Frankfurt,

– nachstehend Vertragspartner genannt –

schließen folgenden Vertrag:

1. Die Vertragspartner vereinbaren den Aufbau und den Betrieb eines POS-Systems, das den Kunden der Kreditinstitute, die diese Vereinbarung anerkannt haben (angeschlossene Kreditinstitute), an automatisierten Kassen (POS-Kassen) bargeldlose Zahlungen zu Lasten ihres Kontos ermöglicht.
2. Die Vertragspartner stellen sicher, daß jedes Kreditinstitut, das seinen Kunden die Teilnahme am POS-System ermöglichen will, diese Vereinbarung nebst Anlagen anerkennt.
3. Die angeschlossenen Kreditinstitute, die an ihre Kunden ec-Karten sowie die sonstigen in der Anlage 1[1] aufgelisteten Karten, die an POS-Kassen

einsetzbar sind, ausgeben, stellen sicher, daß bei der Autorisierung, soweit sie on line zu erfolgen hat, jeweils auf die gleiche Autorisierungsstelle zugegriffen wird.

Die angeschlossenen Kreditinstitute verpflichten sich, mit ihren Kunden die „Sonderbedingungen für den ec-Service" (Anlage 2)[2] bzw. für die sonstigen Karten nach Anlage 1 entsprechende Bedingungen zu vereinbaren.

4. Für die Ausstattung der ec-Karten und der sonstigen Karten nach Anlage 1 gilt Anlage 3[3].
5. Die GZS betreibt auf ihre Kosten ein System von Netzknoten mit ausreichender Kapazität, durch das die korrekte Zuordnung der Autorisierungsanfragen zu den jeweils zuständigen Autorisierungsstellen der Vertragspartner sichergestellt wird.
6. Die Akquisition der Unternehmen erfolgt durch die angeschlossenen Kreditinstitute. Die Vertragspartner stellen sicher, daß die Kreditinstitute die für die Akquisition erforderlichen Voraussetzungen schaffen.

   Die GZS verpflichtet sich, das POS-System zu fördern und entsprechende Marketing-Maßnahmen zu unternehmen. Sie wird die angeschlossenen Kreditinstitute bei deren Akquisitionsbemühungen durch geeignete Maßnahmen unterstützen.
7. Die GZS schließt den von den akquirierenden Kreditinstituten überbrachten Vertrag über die Teilnahme am POS-System des deutschen Kreditgewerbes gemäß Anlage 4[4] mit dem Unternehmen ab.
8. Die POS-Kassen werden durch die aufstellenden Unternehmen betrieben. Die angeschlossenen Kreditinstitute beteiligen sich nicht an den Kosten der Anschaffung, der Installation und des Betriebs der POS-Kassen sowie den Verbindungsgebühren bis zum Eingang in den von der GZS bestimmten Netzknoten, Bereitstellungsgebühren und laufenden Gebühren für Anschlüsse und Endstelleneinrichtungen.

   Auf Anforderung des Herstellers hat die GZS die Bauart der POS-Kassen und das Bedienerhandbuch zu überprüfen. Wenn sie den Spezifikationen der Vertragspartner entsprechen, erteilt sie ein Zulassungszertifikat. Für die Sicherungs- und Legitimationsmaßnahmen im POS-System sowie die Abwicklung des Verfahrens gelten – soweit ec-Karten und Karten nach Anlage 1 betroffen sind – die gemeinsamen Vorgaben der Vertragspartner.
9. Das kartenausgebende Kreditinstitut übernimmt gegenüber dem Unternehmen, das die POS-Kasse aufstellt, ein Zahlungsversprechen in Höhe des an der Kasse autorisierten Betrages, sofern die POS-Kasse gemäß Nr. 8 Abs. 2 zugelassen und gemäß den „Richtlinien für POS-Kassen"

---

[1] Diese Anlage liegt noch nicht vor.

[2] Siehe unten D.

[3] Diese Anlage liegt noch nicht vor.

[4] Siehe unten B.

betrieben sowie der Umsatz dem Inkassoinstitut innerhalb von acht Tagen eingereicht wird.

Die GZS übermittelt im Namen und für Rechnung des kartenausgebenden Kreditinstituts dem Unternehmen dieses Zahlungsversprechen.

Durch eine vom Unternehmen veranlaßte Stornierung eines autorisierten Betrages entfällt das Zahlungsversprechen.

Die Inkassoinstitute ziehen die POS-Umsätze, die an einer POS-Kasse getätigt worden sind, per Lastschrift im Einzugsermächtigungsverfahren ein. Durch die Ausgabe von ec-Karten bzw. den in der Anlage 1 aufgelisteten Karten ermächtigen die angeschlossenen Kreditinstitute jedes andere angeschlossene Kreditinstitut zur Einziehung von POS-Umsätzen, die durch eine Benutzung dieser Karten an POS-Kassen getätigt worden sind. Die Institute lösen Lastschriften, mit denen die POS-Umsätze eingezogen werden, unverzüglich ein. Eine Rückgabe dieser Lastschriften wegen Widerspruchs, fehlender Deckung oder aus anderen Gründen im Sinne des Abkommens über den Lastschriftverkehr ist nicht möglich.

10. Die Aufteilung der von der GZS vereinnahmten Entgelte sowie deren Empfänger bleiben einer gesonderten Vereinbarung der Vertragspartner vorbehalten.

11. Die Inkassoinstitute verpflichten sich, die im Zusammenhang mit der Einreichung von Zahlungsverkehrsdateien verbundenen Prüfungen durchzuführen und Dokumentationen zu beachten.

12. Die Vertragspartner bilden einen Arbeitsstab, der für alle Fragen zuständig ist, die im Zusammenhang mit dem POS-System und dieser Vereinbarung auftreten.

    Die angeschlossenen Kreditinstitute haben die Beschlüsse des Arbeitsstabes zu befolgen.

13. Wurden gefälschte oder verfälschte ec-Karten oder andere in der Anlage 1 aufgeführte Karten verwendet, so bezahlt das im Datensatz der Lastschrift benannte Kreditinstitut die Forderung des Unternehmens. Schäden, die im Interesse des POS-Systems abgedeckt werden müssen und deren Übernahme dem einzelnen angeschlossenen Kreditinstitut nicht zugemutet werden kann, insbesondere Schäden aus dem Einsatz von gefälschten ec-Karten, werden zwischen den Vertragspartnern ausgeglichen. Die näheren Einzelheiten sowie insbesondere der Schlüssel zur Umlage derartiger Schäden werden vom Arbeitsstab festgelegt. Die Verteilung auf die einzelnen angeschlossenen Kreditinstitute bleibt internen Regelungen durch die einzelnen Vertragspartner vorbehalten.

14. Änderungen dieser Vereinbarung nebst Anlagen beschließen die Vertragspartner auf Anregung des Arbeitsstabes. Die Änderungen werden für die angeschlossenen Kreditinstitute verbindlich, wenn diese den

Änderungen nicht binnen einer Frist von einem Monat nach deren Bekanntgabe widersprechen; auf die Möglichkeit des Widerspruchs werden die angeschlossenen Kreditinstitute bei der Bekanntgabe der Änderung besonders hingewiesen. Widerspricht ein angeschlossenes Kreditinstitut einer Änderung der Vereinbarung, die bei der Bekanntgabe ausdrücklich als wesentlich bezeichnet worden ist, so scheidet es mit dem Zeitpunkt des Inkrafttretens dieser Änderung aus dem POS-System aus.

Diese Vereinbarung kann von jedem Vertragspartner mit einer Frist von 24 Monaten zum Ende eines jeden Monats gekündigt werden. Jedes angeschlossene Kreditinstitut kann seine Teilnahme ebenfalls mit einer Frist von 24 Monaten zum Ende eines jeden Monats kündigen. Es haftet unbeschadet der Kündigung für Schäden, die durch die Benutzung der von ihm ausgegebenen und an POS-Kassen einsetzbaren ec-Karten entstanden sind, sowie für sonstige Schäden nach Maßgabe der Nr. 13 in Verbindung mit der jeweiligen bereichsinternen Regelung zur Verteilung der Kosten auf die einzelnen angeschlossenen Kreditinstitute.

Kündigungen haben durch eingeschriebenen Brief gegenüber dem im Zentralen Kreditausschuß federführenden Verband zu erfolgen. Kündigt ein angeschlossenes Kreditinstitut, so ist die Erklärung über den zuständigen Vertragspartner an den im Zentralen Kreditausschuß federführenden Verband zu richten. Die Kündigung muß in diesen Fällen spätestens am 14. Tage der Kündigungsfrist bei dem federführenden Verband eingegangen sein. Dieser hat die Kündigung den übrigen Vertragspartnern unverzüglich anzuzeigen. Wird diese Vereinbarung von einem Vertragspartner gekündigt, so kann sich jeder andere Vertragspartner dieser Kündigung innerhalb einer Nachfrist von drei Monaten anschließen.

15. Diese Vereinbarung tritt am 1. März 1989 in Kraft.

Gleichzeitig tritt die „Rahmenvereinbarung über die Abwicklung bargeldloser Zahlungen an automatisierten Kassen von Handels- und Dienstleistungsunternehmen mit institutsübergreifender Nutzung (Bargeldlose Kassen-Systeme)“ außer Kraft.

## B. Vertrag über die Teilnahme am POS-System des deutschen Kreditgewerbes

zwischen

der GZS Gesellschaft für Zahlungssysteme mbH, Frankfurt,

und

________________________________

(Unternehmen)

1. Die GZS vereinbart mit dem Unternehmen die Teilnahme am POS-System des deutschen Kreditgewerbes. Das POS-System ermöglicht die bargeldlose Bezahlung an automatisierten Kassen (POS-Kassen).
   Das Unternehmen wird Inhabern von nach diesem Vertrag zugelassenen Karten (Nr. 8) die bargeldlose Bezahlung von Waren und Dienstleistungen an POS-Kassen zu Barzahlungspreisen und -bedingungen ermöglichen.
2. Als POS-Kassen im Sinne dieses Vertrages dürfen nur Geräte eingesetzt werden, für die dem Gerätehersteller je POS-Kassen-Typ ein Zulassungszertifikat der GZS erteilt worden ist und für die dem Unternehmen ein von der GZS genehmigtes Bedienerhandbuch des Herstellers vorliegt. Mit dem Zulassungszertifikat wird bestätigt, daß die POS-Kassen den Spezifikationen des deutschen Kreditgewerbes entspricht.
3. Die POS-Kassen werden durch das Unternehmen aufgestellt. Die Kosten der Anschaffung, der Installation und des Betriebs der POS-Kassen sowie die Verbindungsgebühren bis zum Eingang in den von der GZS bestimmten Netzknoten, Bereitstellungsgebühren und laufende Gebühren für Anschlüsse und Endstelleneinrichtungen trägt das Unternehmen.
4. Das Unternehmen verpflichtet sich, für die nach diesem Vertrag zugelassenen Karten (Nr. 8) die POS-Kassen ausschließlich nach den beigefügten „Richtlinien für POS-Kassen" (Anlage 1)[5] zu betreiben. Die Richtlinien sind Bestandteil dieses Vertrages.
5. Sofern die POS-Kasse mit einem steckbaren ec-Zahlungssystemmodul (ec-ZSM) betrieben wird, bleibt dieses Eigentum der GZS und darf nur zum Betrieb der POS-Kasse durch das Unternehmen benutzt werden. Das ec-ZSM ist sorgfältig aufzubewahren.
   Sind die ec-Funktionen des Zahlungssystemmoduls fest in die POS-Kasse integriert, erfolgt die Eingabe der zur Betriebsbereitschaft notwendigen Daten durch die GZS bzw. eine von ihr benannte Stelle.
   Vor einer Weitergabe der POS-Kasse an Dritte hat das Unternehmen die GZS rechtzeitig zu unterrichten, um eine Aufhebung der Betriebsbereitschaft zu ermöglichen.
6. Auf die POS-Kassen ist mit dem vom deutschen Kreditgewerbe zur Verfügung gestellten Logo deutlich hinzuweisen.
7. Das Unternehmen darf im Zusammenhang mit POS-Kassen ein Institut oder eine Institutsgruppe werblich nicht herausstellen.
8. An den POS-Kassen des Unternehmens sind die von den deutschen Kreditinstituten und der Deutschen Bundespost emittierten ec-Karten sowie die sonstigen in der Anlage 2[6] aufgelisteten Karten einsetzbar.

---

[5] Siehe unter C.

[6] Diese Anlage liegt noch nicht vor.

9. Zur Bezahlung an POS-Kassen ist neben der Karte die persönliche Geheimzahl (PIN) einzugeben. Die Eingabe der PIN darf nur durch den Karteninhaber erfolgen.

10. Die GZS übermittelt im Namen und für Rechnung des kartenausgebenden Instituts dem Unternehmen ein Zahlungsversprechen in Höhe des an der Kasse autorisierten Betrages (POS-Umsatz), sofern die POS-Kasse gemäß Nr. 2 zugelassen, nach den in Nr. 4 genannten Richtlinien betrieben und der POS-Umsatz dem Inkassoinstitut innerhalb von acht Tagen eingereicht wird.

    Durch eine vom Unternehmen veranlaßte Stornierung des POS-Umsatzes entfällt die Zahlungsverpflichtung des Kreditinstituts.

11. Das Unternehmen übermittelt die aus den POS-Umsätzen erstellte Zahlungsverkehrsdatei einem Inkassoinstitut seiner Wahl (siehe Richtlinien für POS-Kassen), das die POS-Umsätze von den kartenausgebenden Kreditinstituten einzieht und dem Unternehmen gutschreibt. Diese Abwicklung des Zahlungsverkehrs erfolgt aufgrund besonderer Vereinbarungen zwischen dem Unternehmen und dem gewählten Kreditinstitut und ist nicht Gegenstand dieses Vertrages.

    Das Unternehmen ist verpflichtet, das Journal der POS-Kasse ungeachtet der gesetzlichen Aufbewahrungsfristen zwei Jahre aufzubewahren und auf Verlangen dem Kreditinstitut, dem es die Zahlungsverkehrsdatei übermittelt hat, im Original zur Verfügung zu stellen.

12. Für die Bereitstellung und das Betreiben des POS-Systems berechnet die GZS ein Entgelt in Höhe von 0,07 DM pro POS-Umsatz sowie 0,2 Prozent des POS-Umsatzes jeweils zuzüglich Umsatzsteuer.

    Für stornierte POS-Umsätze wird kein Entgelt erhoben.

    Das Unternehmen verpflichtet sich, der GZS eine Ermächtigung zum Einzug der anfallenden Entgelte per Lastschrift im Einzugsermächtigungsverfahren zu erteilen.

13. Dieser Vertrag kann von jedem Vertragspartner mit einer Frist von drei Monaten zum Monatsende gekündigt werden.

14. Änderungen der Richtlinien für POS-Kassen werden dem Unternehmen durch schriftliche Benachrichtigung bekanntgegeben. Sie gelten als genehmigt, wenn das Unternehmen nicht schriftlich Widerspruch erhebt. Auf diese Folge wird die GZS bei der Bekanntgabe besonders hinweisen. Der Widerspruch des Unternehmens muß innerhalb eines Monats nach Bekanntgabe der Änderung bei der GZS eingegangen sein.

15. Dieser Vertrag tritt am ... in Kraft.

# C. Richtlinien für POS-Kassen

## I. Verfahrensbeschreibung

1. Karten

Die gemäß Nr. 8 des Vertrages über die Teilnahme am POS-System des deutschen Kreditgewerbes (Händlervertrag) einsetzbaren Karten sind entweder mit einem entsprechend codierten Magnetstreifen (Magnetstreifenkarten) oder mit einem Magnetstreifen und einem Mikrochip (Hybridkarten) ausgestattet.

2. ec-Zahlungssystemmodul (ZSM)

Eine POS-Kasse kann nur betrieben werden, wenn sie mit einem auf das Unternehmen personalisierten ec-Zahlungssystemmodul (ZSM) ausgestattet ist.

a) Sofern die POS-Kasse vom Hersteller nicht mit einem ZSM versehen ist, erhält das Unternehmen ein steckbares ZSM von dem Kreditinstitut, das den Händlervertrag vermittelt hat.

Das ZSM ist durch das Unternehmen in die POS-Kasse einzubringen und gemäß Bedienerhandbuch zu aktivieren. Ein in die POS-Kasse vorschriftsmäßig eingebrachtes und aktiviertes ZSM gilt als sorgfältig verwahrt im Sinne von Nr. 5 des Händlervertrages.

b) Ist die POS-Kasse bereits durch den Hersteller mit einem ZSM ausgerüstet, so ist dieses gemäß Bedienerhandbuch zu aktivieren.

3. Datenleitung/Netzknoten

Jede POS-Kasse ist mit einem von der GZS betriebenen Netzknoten verbunden. Die Art der Leistungsverbindung vereinbart das Unternehmen mit der GZS. Der Netzknoten dient als Vermittlungsstelle für den elektronischen Nachrichtenverkehr zwischen dem kartenausgebenden Kreditinstitut bzw. dem von diesem beauftragten Rechenzentrum und der POS-Kasse, wenn eine Zahlung von diesem genehmigt (autorisiert) werden muß.

4. On line Autorisierung

POS-Umsätze, die mit Magnetstreifenkarten ausgelöst werden, können nur durch leitungsgebundenen Nachrichtenverkehr (on line) autorisiert werden.

5. Off line Autorisierung

Wenn die POS-Kasse über eine Leseeinrichtung für Magnetstreifen und Mikrochips (Hybridleseeinrichtung) verfügt, können POS-Umsätze auch mit dem Mikrochip in Hybridkarten ausgelöst werden. POS-Kassen mit reinen Magnetstreifenleseeinrichtungen können jederzeit entsprechend aufgerüstet werden.

Mit dem Mikrochip ausgelöste POS-Umsätze werden abhängig von Steuerungsparametern im Chip der Karte und im ZSM der POS-Kasse entweder on line oder im Mikrochip selbst (off line) autorisiert. Das Unternehmen kann aber, unabhängig von der Parametersteuerung, on line-Autorisierungen auslösen, wenn es die Umstände des Einzelfalles nahelegen.

6. Umsatzdatei

In jeder POS-Kasse wird eine Umsatzdatei geführt, in der alle autorisierten POS-Umsätze nebst zugehörigen Zahlungsverkehrsinformationen elektronisch zwischengespeichert werden.

Mit der POS-Kassenfunktion „Kassenschnitt" werden den POS-Umsätzen BLZ und Nummer des für das Inkasso gewählten Gutschriftskontos (vgl. Nr. 9) sowie Datensicherungsinformationen beigegeben. Die auf diese Weise abgeschlossene Umsatzdatei wird als Zahlungsverkehrsdatei bezeichnet.

Die Zahlungsverkehrsdatei wird mit der Funktion „Zahlungsverkehr" (vgl. Nr. 9 ff) entweder über Datenleitung an das Inkassoinstitut übermittelt oder auf einem Datenträger, nebst Sicherungskopie, ausgegeben.

Nach der elektronischen Empfangsbestätigung der on line übertragenen Zahlungsverkehrsdatei durch das Inkassoinstitut bzw. nach Erstellung eines Datenträgers inkl. der Sicherungskopie wird die Zahlungsverkehrsdatei in der POS-Kasse zum Überschreiben freigegeben.

7. Stornierungen

POS-Umsätze, die das Unternehmen noch nicht durch „Kassenschnitt" einer bestimmten Kontoverbindung zugeordnet hat (Nr. 9), können im Einvernehmen von Unternehmen und Karteninhaber storniert werden. Stornierte POS-Umsätze werden nicht in die Zahlungsverkehrsdatei übernommen.

8. Dokumentation

Jeder POS-Umsatz wird an der POS-Kasse auf einem Quittungsbeleg ausgedruckt, der für den Karteninhaber bestimmt ist. Auf einem Händlerjournal werden zusätzlich auch alle anderen POS-Kassenvorgänge protokolliert; insbesondere werden Autorisierungsmerkmal, Beträge, Funktionen, Datum und Uhrzeit ausgedruckt.

## II. Einleitung des Zahlungsverkehrs

9. Gutschriftskonten

Die Kontoverbindung zu dem Institut, das den Händlervertrag vermittelt hat, geht in den festen und nicht mehr änderbaren Datenbestand des ZSM ein. Zusätzlich kann das Unternehmen auf der Basis besonderer Vereinbarungen mit anderen Kreditinstituten bis zu 9 alternative Kontoverbindungen in das ZSM eingeben. Diese können von ihm geändert oder gelöscht werden. Das Unternehmen kann zu jedem Zeitpunkt des POS-Kassenbetriebes die bis dahin aufgelaufenen POS-Umsätze einer bestimmten Kontoverbindung zuordnen (Kassenschnitt), bevor es sie zur Gutschrift in den Zahlungsverkehr einleitet.

10. Zahlungsverkehrsverfahren

Für die Einleitung der POS-Umsätze in den Zahlungsverkehr stehen dem Unternehmen, abhängig von der technischen Ausstattung der POS-Kasse, zwei Verfahren zur Verfügung; die leitungsgebundene Übertragung der Zahlungsinformationen an das Inkassoinstitut (on line Einreichung) oder die Übergabe von Datenträgern, auf denen die Inkassoinformationen gespeichert sind (Datenträgereinreichung).

11. On line Einreichung

Die on line Einreichung setzt voraus, daß die POS-Kassen für diese Inkassoart technisch ausgerüstet sind und mit dem Inkassoinstitut eine on line Einreichung vereinbart wurde.

12. Datenträgereinreichung

Die Datenträgereinreichung ist nur mit POS-Kassen möglich, die über ein Diskettenlaufwerk verfügen, das die Zahlungsverkehrsdaten aus der Umsatzdatei der POS-Kasse aufnimmt, oder mit solchen, die andere im Datenträgeraustausch zulässige Datenträger erstellen können.

13. Schnittstellen zum Zahlungsverkehr

Die Steuerungs- und Verarbeitungsinstruktionen im ZSM stellen in Verbindung mit der POS-Kassen-Funktion „Zahlungsverkehr“ sicher, daß die gem. Nr. 11 zu übermittelnden Inkassodaten gemäß den Sonderbedingungen für die Teilnahme am Datenfernübertragungsservice im Zahlungsverkehr mittels „Personal Computer“ (ZV-DFÜ-Verfahren) an das kontoführende Institut übertragen werden.

Sind Datenträger im Sinne von Nr. 12 zu erstellen, so gewährleistet die ZSM-Software im Rahmen der Verwaltungsfunktion „Zahlungsverkehr“ deren Aufbereitung gemäß den Bedingungen für die Beteiligung von Kunden am automatisierten Zahlungsverkehr durch beleglosen Datenträgeraustausch.

## D. Bedingungen für den ec-Service

### 1. Service-Leistungen

Zur Nutzung des ec-Service gibt das Kreditinstitut ec-Karten aus. Sie dienen

- als Garantiekarte für den eurocheque,
- zur Abhebung von Geldbeträgen an ec-Geldautomaten,
- zur bargeldlosen Bezahlung an automatisierten Kassen, die für den ec-Service zugelassen sind (nachfolgend „POS-Kassen“).

Das Kreditinstitut teilt dem Karteninhaber bei Aushändigung der ec-Karte mit, welche Funktionen er hiermit nutzen kann.

### 2. Karteninhaber

Die ec-Karte gilt ausschließlich für das auf ihr angegebene Konto. Sie kann nur auf den Namen des Kontoinhabers oder eines Bevollmächtigten ausgestellt werden. Ein Widerruf der Vollmacht wird für den ec-Service erst mit Rückgabe der ec-Karte an das Kreditinstitut wirksam. Unabhängig hiervon wird das Kreditinstitut zumutbare Maßnahmen ergreifen, um Verfügungen mit der ec-Karte nach Widerruf der Vollmacht zu unterbinden.

### 3. Unterschrift

Das Kreditinstitut händigt die ec-Karte gegen besondere Empfangsbescheinigung aus; der Karteninhaber unterschreibt ec-Karte und Empfangsbescheinigung in Anwesenheit eines Mitarbeiters des Kreditinstituts. Die Unterschriften auf der Empfangsbescheinigung und der ec-Karte müssen übereinstimmen.

## 4. Persönliche Geheimzahl

Sofern der Karteninhaber eine persönliche Geheimzahl erhält, kann er die ec-Karte im In- und Ausland an ec-Geldautomaten und POS-Kassen nutzen; die persönliche Geheimzahl ist als weiteres Berechtigungsmerkmal neben der ec-Karte an ec-Geldautomaten und POS-Kassen einzugeben.

## 5. Sorgfaltspflichten und Obliegenheiten

(1) Aufbewahrung von eurocheque-Vordrucken und ec-Karte

Zur Vermeidung von mißbräuchlichen Verfügungen bei Abhandenkommen sind die eurocheque-Vordrucke und die ec-Karte mit besonderer Sorgfalt und getrennt voneinander aufzubewahren.

(2) Geheimhaltung der persönlichen Geheimzahl

Der Karteninhaber hat dafür Sorge zu tragen, daß ein Dritter keine Kenntnis von der persönlichen Geheimzahl erlangt, insbesondere darf sie Dritten nicht mitgeteilt und nicht auf der ec-Karte vermerkt werden; denn jede Person, die im Besitz der ec-Karte ist und die persönliche Geheimzahl kennt, kann zu Lasten des auf der ec-Karte angegebenen Kontos Geld an ec-Geldautomaten abheben und an POS-Kassen bezahlen.

(3) Unterrichtungs- und Anzeigepflicht

Bei Abhandenkommen der ec-Karte oder bei mißbräuchlichen Verfügungen an ec-Geldautomaten oder POS-Kassen ist die kontoführende Stelle oder der Zentrale Sperrannahmedienst unverzüglich zu benachrichtigen, um die ec-Karte für den Einsatz an ec-Geldautomaten und POS-Kassen zu sperren; dadurch lassen sich Schäden verhindern oder begrenzen. Der Zentrale Sperrannahmedienst ist Tag und Nacht telefonisch erreichbar (Tel.:(069) 74 09 87).

Bei der Aufgabe einer Sperre über den Zentralen Sperrannahmedienst sind der Name des kartenausgebenden Kreditinstituts – möglichst mit Bankleitzahl – und die Kontonummer anzugeben. Sofern diese Daten nicht angegeben werden können, ist eine Sperre nicht möglich. Bei der Sperrmeldung über den Zentralen Sperrannahmedienst werden alle für ein Konto ausgegebenen ec-Karten gesperrt.

Bei mißbräuchlichem Einsatz der ec-Karte ist Anzeige bei der Polizei zu erstatten.

## 6. Garantie für den eurocheque

(1) Zustandekommen der Garantie

Mit der ec-Karte garantiert das Kreditinstitut die Zahlung des Scheckbetrages eines auf seinen eurocheque-Vordrucken ausgestellten Schecks jedem Schecknehmer in Europa und in den an das Mittelmeer grenzenden Ländern bis zu einem Betrag von 400,– DM oder bis zur Höhe des in dem jeweiligen Land geltenden ec-Garantiehöchstbetrages, sofern der Name des Kreditinstituts, Konto- und Karten-Nummer sowie die Unterschrift auf eurocheque und ec-Karte übereinstimmen. In der Bundesrepublik Deutschland ausgestellte eurocheques sind für acht Tage, in anderen Staaten ausgestellte eurocheques für 20 Tage seit dem Ausstellungsdatum garantiert. Die Frist ist gewahrt, wenn der eurocheque innerhalb dieser Fristen dem bezogenen Institut vorgelegt, einem inländischen Kreditinstitut zum Inkasso eingereicht oder der deutschen eurocheque-Zentrale zugeleitet worden ist.

Das Kreditinstitut wird für Rechnung des Kontoinhabers auf jeden mit der Nummer der ec-Karte versehenen eurocheque Zahlung leisten, sofern die Voraussetzungen des Abs. 1 eingehalten sind. Die Verpflichtung des Kreditinstituts, die gemäß Abs. 1 garantierten Beträge zu bezahlen, wird durch Widerruf bzw. Sperre des Schecks nicht berührt.

(2) Beweisregel

Trägt der eurocheque die Nummer der ec-Karte, so ist er nach dem Beweis des ersten Anscheins unter Verwendung der ec-Karte begeben worden.

(3) Unterschriftenprüfung durch das Kreditinstitut

Erfüllt ein eurocheque die Garantiebedingungen gemäß Nr. 5 Abs. 1 und erweckt die Unterschrift auf dem eurocheque-Vordruck nach ihrem äußeren Gesamtbild den Eindruck der Echtheit, so besteht eine Einlösungsverpflichtung auch dann, wenn die Unterschrift gefälscht ist und/oder die eurocheque-Vordrucke bzw. ec-Karte verfälscht worden ist.

## 7. Verfügungen an ec-Geldautomaten und POS-Kassen

(1) Verfügungsrahmen des Karteninhabers

Das Kreditinstitut stellt dem Karteninhaber für Abhebungen an ec-Geldautomaten und für Bezahlungen an POS-Kassen für einen bestimmten Zeitraum einen Verfügungsrahmen bereit, den es ihm bekanntgibt. Der Kontoinhaber kann mit der kontoführenden Stelle eine Herabsetzung des Verfügungsrahmens für alle zu seinem Konto ausgegebenen ec-Karten vereinbaren; ein Bevollmächtigter, der eine ec-Karte erhalten hat, kann die Herabsetzung nur für diese ec-Karte vereinbaren. Die Begrenzung wird einen Bankarbeitstag nach Abschluß der Vereinbarung wirksam. An ec-Geldautomaten fremder Kreditinstitute kann der Kontoinhaber von dem Verfügungsrahmen täglich einmal bis zu 400,– DM und im Ausland bis zur Höhe des in dem jeweiligen Land geltenden ec-Garantiehöchstbetrages abheben.

(2) Nutzungsbeschränkungen

Die Kreditinstitute bzw. die Deutsche Bundespost übernehmen keine Verpflichtung zur Aufrechterhaltung der Funktionsfähigkeit von ec-Geldautomaten oder POS-Kassen.

Die ec-Karte kann an ec-Geldautomaten und an POS-Kassen nicht mehr eingesetzt werden, wenn die persönliche Geheimzahl dreimal hintereinander falsch eingegeben worden ist.

Das Kreditinstitut ist berechtigt, den Einzug der Karte zu veranlassen, wenn auf dem Konto das Guthaben nicht ausreicht oder der Kreditrahmen überschritten wird.

(3) Zahlungsverpflichtung des Kreditinstituts

Das kartenausgebende Kreditinstitut ist gegenüber den Betreibern von ec-Geldautomaten sowie POS-Kassen verpflichtet, die Beträge, über die unter Verwendung der dem Karteninhaber ausgegebenen ec-Karte verfügt worden ist, an die Betreiber zu vergüten; die Zahlungspflicht beschränkt sich bei der Nutzung von ec-Geldautomaten auf den Auszahlungshöchstbetrag und bei POS-Kassen auf autorisierte Verfügungen.

## 8. Kontobelastung

(1) Aufwendungsersatzpflicht des Kontoinhabers

Der Kontoinhaber erstattet dem Kreditinstitut alle Aufwendungen, die durch die Verwendung der ec-Karte entstehen (vgl Nrn. 6 und 7).

Der Karteninhaber wird von der ec-Karte nur im Rahmen des Guthabens bzw. eines vorher eingeräumten Kredits Gebrauch machen. Das Kreditinstitut ist jedoch berechtigt, auf dem Konto Beträge, über die im Rahmen des ec-Service verfügt worden ist, sowie Entgelte, die hierfür bei der Bank oder bei dritter Stelle anfallen, auch bei mangelndem Guthaben zu belasten.

(2) Einwendungen bei POS-Zahlungen

Einwendungen und sonstige Beanstandungen des Karteninhabers, die das Vertragsverhältnis mit dem die POS-Kassen betreibenden Unternehmen betreffen, sind unmittelbar gegenüber dem Unternehmen geltend zu machen.

(3) Umrechnung von Fremdwährungen

Geldbeträge, über die in Fremdwährung verfügt worden ist, werden in Deutscher Mark eingezogen; die Umrechnung kann durch die erste inländische Inkassostelle erfolgen. Dabei wird der Devisen-Briefkurs des der Umrechnung vorangegangenen Börsentages zugrunde gelegt.

**9. Schadensregelung** (nur im Bereich der privatrechtlich und genossenschaftsrechtlich organisierten Institute)

(1) Schäden aufgrund mißbräuchlicher Verwendung von ec-Karte und eurocheque-Vordrucken

Sofern die Garantievoraussetzungen gemäß Nr. 6 (1) eingehalten sind, übernimmt das Kreditinstitut 90 Prozent aller aus der mißbräuchlichen Verwendung der ec-Karte in Verbindung mit eurocheque-Vordrucken entstandenen Schäden; der Kontoinhaber trägt 10 Prozent der Schäden, und zwar auch dann, wenn dem Kreditinstitut der Verlust der ec-Karte angezeigt worden ist.

(2) Schäden durch mißbräuchliche Verwendung der ec-Karte an ec-Geldautomaten oder Bezahlung an POS-Kassen

Sobald der kontoführenden Stelle des Kreditinstituts oder dem Zentralen Sperrannahmedienst der Verlust der ec-Karte angezeigt worden ist, übernimmt das Kreditinstitut alle danach durch Verfügungen an ec-Geldautomaten bzw. Bezahlungen an POS-Kassen entstehenden Schäden. Bis dahin trägt das Kreditinstitut 90 Prozent aller Schäden, die durch die mißbräuchliche Verwendung der dem Karteninhaber ausgegebenen ec-Karte entstehen; der Kontoinhaber haftet nur für 10 Prozent aller Schäden, die im Rahmen der Verfügungsmöglichkeit gemäß Nr. 7 entstehen.

(nur im Sparkassenbereich)

(1) Schäden aufgrund mißbräuchlicher Verwendung von ec-Karte und eurocheque-Vordrucken

Sofern die Garantievoraussetzungen gemäß Nr. 6.1 eingehalten sind, der Karteninhaber den Verlust der ec-Karte dem Kreditinstitut angezeigt und Anzeige bei der Polizei erstattet hat, übernimmt das Kreditinstitut die aus der mißbräuchlichen Verwendung der ec-Karte in Verbindung mit eurocheque-Vordrucken entstandenen Schäden bis 6000,– DM. Diese Höchstgrenze gilt nicht, wenn besondere Umstände einen Vorrat von mehr als 15 eurocheque-Vordrucke rechtfertigen oder wenn ec-Karte oder ec-Scheckvordrucke gefälscht oder verfälscht wurden.

(2) Schäden durch mißbräuchliche Verwendung der ec-Karte an ec-Geldautomaten oder Bezahlung an POS-Kassen

Ist der kontoführenden Stelle des Kreditinstituts oder dem Zentralen Sperrannahmedienst der Verlust der ec-Karte angezeigt worden, so übernimmt das Kreditinstitut alle durch Verfügungen an ec-Geldautomaten bzw. durch Bezahlungen an POS-Kassen entstandenen Schäden, die durch eine mißbräuchliche Verwendung der ec-Karte nach Eingang der Verlustanzeige entstehen. Bis dahin trägt das Kreditinstitut den Schaden, wenn der Karteninhaber den Verlust der ec-Karte unverzüglich angezeigt hat und keine wesentlichen vertraglichen Obliegenheiten – insbesondere die aus Nr. 5 – grob fahrlässig verletzt hat.

Das kontoführende Institut übernimmt u. a. den Schaden dann nicht, wenn der Schaden dadurch verursacht wurde, daß

- der Originalbrief, in welchem dem Kunden die persönliche Geheimzahl mitgeteilt wurde, zusammen mit der ec-Automatenkarte abhanden gekommen ist,
- die persönliche Geheimzahl auf der ec-Automatenkarte vermerkt oder mit der Karte in sonstiger Weise unmittelbar verbunden wurde.

In diesen Fällen trägt der Kontoinhaber den Schaden, jedoch begrenzt auf 400,– DM pro Kalendertag bzw. bei Verfügungen an ec-Geldautomaten im Ausland bis zur Höhe des in dem jeweiligen Land geltenden ec-Garantiehöchstbetrages.

Einen Anspruch auf Schadenübernahme kann der Karteninhaber nur geltend machen, wenn er die Voraussetzungen der Haftungsentlastung glaubhaft darlegt und Anzeige bei der Polizei erstattet.

## 10. Gültigkeit der ec-Karte

Die ec-Karte gilt bis zum Ende des auf ihr vermerkten Kalenderjahres. Das Kreditinstitut ist berechtigt, die ec-Karte zurückzuverlangen.

Endet die Berechtigung zur Benutzung der ec-Karte vorher, so hat der Karteninhaber diese unverzüglich an das kontoführende Kreditinstitut zurückzugeben. Das Kreditinstitut ist berechtigt, die Karte einzuziehen.

# Literaturverzeichnis

*Baumbach / Duden / Hopt:* Handelsgesetzbuch, 28. Auflage, München 1989
(zitiert: Baumbach / Duden / Hopt)

*Baumbach / Hefermehl:* Wechselgesetz und Scheckgesetz, 16. Auflage, München 1988
(zitiert: Baumbach / Hefermehl)

*Baumbach / Lauterbach / Albers / Hartmann:* Zivilprozeßordnung, 48. Auflage, München 1989
(zitiert: Baumbach-Bearbeiter, ZPO)

*Bertrams,* Hanne-Kathrin: Point-of-Sale: das Zahlungssystem der Zukunft?, in: ZIP 1985, S. 963 - 967
(zitiert: Bertrams)

*Bezler,* Peter: Rechtsfragen der Scheckkarte, Diss. Frankfurt 1972
(zitiert: Bezler)

*Bieber,* Klaus-Dieter: Rechtsprobleme des ec-Geldautomatensystems, in: WM SB Nr. 6/1987
(zitiert: Bieber)

BIK, Betriebswirtschaftliches Institut der Deutschen Kreditgenossenschaften GmbH (Hrsg.): Das gemeinsame POS-System des deutschen Kreditgewerbes – Elektronisches Bezahlen an der Ladenkasse –,
(zitiert: BIK, Elektronisches Bezahlen)

*Blaurock,* Uwe: Haftung der Banken beim Einsatz neuer Techniken im Zahlungsverkehr, in: CR 1989, S. 561 - 567
(zitiert: Blaurock)

— Haftung der Banken beim Einsatz neuer Techniken und Medien in: Neue Entwicklungen im Bankhaftungsrecht S. 35 - 53, hrsg. von Johannes Köndgen, Köln 1987
(zitiert: Blaurock, Haftung)

*Böttger,* Günter: Zur rechtlichen Beurteilung des Kreditkartenverfahrens (Gelbe Reihe Bd. 29/30, 2. Teil), Mainz 1979
(zitiert: Böttger)

*Bülow,* Peter: Grundprobleme des Euro-Schecks und der Scheckkarte, in: JA 1984, S. 340 - 346
(zitiert: Bülow)

*Bunte,* Hermann-Josef: Bücherschau, Canaris Bankvertragsrecht 1981, in: WM 1983, S. 430 - 432
(zitiert: Bunte)

*Brepohl,* Klaus: Handbuch Electronic Banking (Hrsg.: Commerzbank), S. 97 - 132, 2. Auflage, Frankfurt 1988
(zitiert: Brepohl)

*Canaris,* Claus Wilhelm: Bankvertragsrecht, Sonderausgabe aus HGB-Großkommentar, 3. Auflage, 2. Bearbeitung, Berlin 1981
(zitiert: Canaris, Bankvertragsrecht 1981)

— Bankvertragsrecht, HGB Großkommentar, 4. Auflage, 10. Lieferung, 1. Teil, Berlin 1988
(zitiert: Canaris, Bankvertragsrecht 1988)

*Clemens,* Rudolf: Die elektronische Willenserklärung - Chancen und Gefahren, in: NJW 1985, S. 1998 - 2005
(zitiert: Clemens)

*Crone,* Hans Caspar von der: Rechtliche Aspekte der direkten Zahlung mit elektronischer Überweisung (EFTPOS), Zürich 1988
(zitiert: von der Crone)

*Damrau,* Jürgen: Probleme der Scheckkarte, in: BB 1969, S. 199 - 206
(zitiert: Damrau)

Diebold-Deutschland-GmbH (Hrsg.): Elektronische Zahlungssysteme, Wiesbaden 1986
(zitiert: Diebold, Elektronische Zahlungssysteme)

*Dorner,* Herbert: Automatisierte Abwicklung von Zahlungskarten: Zum Stand der Dinge in: BuM 1/1988, S. 14ff.
(zitiert: Dorner; Abwicklung von Zahlungskarten)

— Chiptechnologie für Bankzahlungskarten am Point of Sale, in: Geldinstitute 4/1988, S. 12ff.
(zitiert: Dorner, Chiptechnologie)

— Elektronisches Geld, in: Siemens-Magazin COM 4/1988, S. 15ff.
(zitiert: Dorner, Elektronisches Geld)

— Elektronisches Zahlen mit Bankkarten, in: B.Bl. 2/1989, S. 55 - 60
(zitiert: Dorner, Elektronisches Zahlen)

— Weltneuheit bei Testversuch, in: Geldinstitute 3/1987, S. 144 - 152
(zitiert: Dorner, Weltneuheit)

*Dütz,* Wilhelm: Rechtliche Eigenschaften der Scheckkarte, in: DB 1970, S. 189 - 195
(zitiert: Dütz)

*Eisenhardt,* Ulrich: Zum subjektiven Tatbestand der Willenserklärung, in: JZ 1986, S. 875 - 881
(zitiert: Eisenhardt)

*Erman:* Handkommentar zum BGB, 8. Auflage, 1. Band: §§ 1 - 853, Münster 1989
(zitiert: Erman-Bearbeiter)

*Esser,* Josef / *Schmidt,* Eike: Lehrbuch zum Schuldrecht AT, 6. Auflage, Heidelberg 1984
(zitiert: Esser / Schmidt)

*Fervers,* Martin: Bücherschau, in: WM 1989, S. 550 - 552
(zitiert: Fervers, Bücherschau)

— Die Haftung der Banken bei automatisierten Zahlungsvorgängen, in: WM 1988, S. 1037 - 1044
(zitiert: Fervers, Bankenhaftung)

*Flume,* Werner: Allgemeiner Teil des Bürgerlichen Rechts, 2. Bd.: Das Rechtsgeschäft, 3. Auflage, Heidelberg 1979
(zitiert: Flume, AT)

*Friedmann,* Stefan: Bildschirmtext und Rechtsgeschäftslehre, Diss. Bonn 1986
(zitiert: Friedmann)

*Geerts,* M.: EFT/POS in Belgien, in: B.Bl. 1989, S. 73 - 77
(zitiert: Geerts)

*Giese,* Robert / *Lang,* Dietrich / *Reyher,* Heinz: Sparkassen-Scheckkarte, 2. Auflage, Bonn 1968
(zitiert: Giese / Lang / Reyher)

*Godschalk,* Hugo: Computergeld, Frankfurt 1983
(zitiert: Godschalk; Computergeld)

— Datenschutz am Point of Sale, in: CR 7/1987, S. 418
(zitiert: Godschalk, Datenschutz)

GZS, Gesellschaft für Zahlungssysteme mbH (Hrsg.): Das POS-Hybridsystem des deutschen Kreditgewerbes, Basis-Dokumentation, Frankfurt 1988
(zitiert: GZS, POS-Hybridsystem)

— Electronic cash. Grundlageninformation, Februar 1989
(zitiert: GZS, Electronic cash)

*Hadding,* Walther: Zahlung mittels Universalkreditkarte, in Festschrift für Klemens Pleyer zum 65. Geburtstag, S. 17 - 40, Köln 1986
(zitiert: Hadding)

*Hadding,* W. / *Häuser,* H.: Rechtsfragen des bargeldlosen Zahlungsverkehrs, Köln 1984
(zitiert: Hadding / Häuser)

*Harbeke,* Christof: Neue Kundenbedingungen für das eurocheque-Verfahren, in: Die Bank 1989, S. 31 - 36
(zitiert: Harbeke, Bank)

— Die vertragliche Grundlage zwischen Bank und Kunde für die Verwendung der eurocheque-Karte: Die neuen „Bedingungen für den ec-Service“, in: WM 1989, S. 1709 - 1713 u. S. 1749 - 1753
(zitiert: Harbeke, WM)

*Hegersberg,* Johannes: 10 Jahre ec-Geldautomaten, in: Sparkasse 4/89, S. 165 - 166
(zitiert: Hegersberg)

*Hopt,* Klaus J.: Handelsgesetzbuch, begr. von Baumbach, fortgef. bis zur 24. Auflage von Duden, 28. Auflage, München 1989
(zitiert: Hopt)

*Jörn,* Fritz: Geldausgabeautomaten, in: FAZ v. 18. 7. 1989, S. T 1f.
(zitiert: Jörn, Geldautomat)

— „Point-of-Sales“-Zahlungssysteme, in: FAZ v. 31. 10. 1989, S. T 1f.
(zitiert: Jörn, POS)

*Kalender,* Hans-Jörg: Alles auf eine(r) Karte, in: FAZ SB v. 7. 3. 1989, S. B 29
(zitiert: Kalender, Karte)

— Banking-POS. Neue Wege des Zahlungsverkehrs, in: Beitrag aus dem Tagungsband „19. Bankenfachtagung 1988“ der Siemens AG Rottach Egern
(zitiert: Kalender, Banking-POS)

*Köhler,* Helmut: Die Problematik automatisierter Rechtsvorgänge, insbesondere von Willenserklärungen, in: AcP 182 (1982), S. 126 - 171
(zitiert: Köhler)

Kölner Kreditinstitute in Zusammenarbeit mit der GZS (Hrsg.): Ein neues Zahlungssystem stellt sich vor ..., Frankfurt
(zitiert: Kölner Kreditinstitute, Ein neues Zahlungssystem)

*Koller,* Ingo: Der Verzicht auf die Prüfung von Scheckunterschriften, in: WM 1985, S. 821 - 825
(zitiert: Koller)

*Kopp,* Ferdinand: Verwaltungsverfahrensgesetz, 4. Auflage, München 1986
(zitiert: Kopp)

*Kruse,* Dietrich: Mit Chipkarte und Kryptographie gegen Computerkriminalität, in: CR 1987, S. 792 - 795
(zitiert: Kruse)

*Lang,* D. / *Trück,* K. / *Trurnit* U.: eurocheque und eurocheque-Karte, 3. Auflage, Stuttgart 1977
(zitiert: Lang / Trück / Trurnit)

*Larenz,* Karl: Allgemeiner Teil des Bürgerlichen Rechts, 6. Auflage, München 1983
(zitiert: Larenz, AT)

— Lehrbuch des Schuldrechts, Band I, Allgemeiner Teil, 13. Auflage, München 1982
(zitiert: Larenz, SchRAT)

— Lehrbuch des Schuldrechts, Band II, Besonderer Teil, 12. Auflage, München 1981
(zitiert: Larenz, SchRBT)

*Lieseke,* Rudolf: Rechtsfragen der Bankgarantie, in: WM 1968, S. 22 - 28
(zitiert: Lieseke)

*Littmann,* Annette: POS-System. Kriechende Expansion, in: WiWo 4.11.1988, S. 183
(zitiert: Littmann)

*Lwowski,* Jürgen: Geschäftsbeziehungen zwischen Bank und Kunden, in: Bankrecht und Bankpraxis, Band I, Teil 2, 1979
(zitiert: Lwowski)

*Medicus,* Dieter: Allgemeiner Teil des BGB, 3. Auflage, Heidelberg 1988
(zitiert: Medicus, AT)

*Möschel,* Wernhard: Dogmatische Strukturen des bargeldlosen Zahlungsverkehrs, in: AcP 186 (1986), S. 187 - 236
(zitiert: Möschel)

Münchener-Kommentar: Kommentar zum BGB, Band 1: §§ 1 - 240, 2. Auflage, München 1984; Band 2: §§ 241 - 432, 2. Auflage, München 1985; Band 3, 2. Hlbbd.: §§ 652 - 853, 2. Auflage, München 1986
(zitiert: Müko-Bearbeiter)

*Nörr,* Wolfgang / *Scheyhing,* Robert: Handbuch des Schuldrechts (Hrsg. von Joachim Gernhuber), Band 2, Sukzessionen, Tübingen 1983
(zitiert: Nörr / Scheyhing)

*Otto,* Klaus-Friedrich: Wenn „ec" als POS-Karte funktioniert ..., in: BuM 12/1988, S. 22ff.
(zitiert: Otto)

*Palandt,* Otto: Bürgerliches Gesetzbuch, 49. Auflage, München 1990
(zitiert: Palandt-Bearbeiter)

*Paefken,* Christian: Forum: Bildschirmtext. Herausforderung zum Wandel der allgemeinen Rechtsgeschäftslehre?, in: JuS 1988, S. 592 - 598
(zitiert: Paefken, Forum)

— Bildschirmtext aus zivilrechtlicher Sicht Weinheim 1988
(zitiert: Paefken, Btx)

*Petring,* Ralf: Störungen bei POS-Zahlungen unter besonderer Berücksichtigung der Risikoverteilung zwischen dem kartenausgebenden Kreditinstitut und seinem Kunden, Frankfurt 1990
(zitiert: Petring)

*Pikart,* Heinz: Die Rechtsprechung des BGH zum Bankvertrag, in: WM 1957, S. 1238 - 1246
(zitiert: Pikart)

*Priewasser,* Erich: Kartengesteuerte Zahlungsverkehrssysteme, Stuttgart 1981
(zitiert: Priewasser)

— Probleme des kartengesteuerten Zahlungsverkehrs, in: Mitteilungen Nr. 15 der Gesellschaft zur Förderung der Wissenschaftlichen Forschung über das Spar- und Girowesen e.V., S. 47ff., Bonn 1982
(zitiert: Priewasser, Zahlungsverkehr)

*Reckinger,* Gabriele: Mineralölkonzerne können über ihre Tankstellen auch POS abwickeln, in: HB v. 31. 8. 1989, S. 9
(zitiert: Reckinger)

*Redeker,* Helmut: Geschäftsabwicklung mit externen Rechnern im Bildschirmtext, in: NJW 1984, S. 2390 - 2394
(zitiert: Redeker)

*Reichel,* Hans: Die Schuldmitübernahme, München 1909
(zitiert: Reichel)

Reichsgerichtsräte-Kommentar: Das Bürgerliche Gesetzbuch mit besonderer Berücksichtigung der Rechtsprechung des Reichsgerichts und des Bundesgerichtshofes, Band II, 4. Teil: §§ 631 - 811, 12. Auflage, Berlin 1978
(zitiert: RGRK-Bearbeiter)

*Reifner,* Udo: Die Haftung des Kontoinhabers beim Mißbrauch seiner Bankautomatenkarte durch Dritte, in: BB 1989, S. 1912 - 1921
(zitiert: Reifner)

*Reiser,* Cristof: Die Rechtsgrundlagen für das POS-System des deutschen Kreditgewerbes („electronic cash"), in: WM SB Nr. 3/1989
(zitiert: Reiser, electronic cash)

— Rechtliche Aspekte der Zahlungsverkehrsnetze, in: WM 1986, S. 1401 - 1428 (zitiert: Reiser, Rechtliche Aspekte)

*Schaudwet,* Manfred: Rechtsfragen der Scheckkarten, in NJW 1968, S. 9 - 14 (zitiert: Schaudwet)

*Schlegelberger:* Handelsgesetzbuch, Band IV, §§ 343 - 372, 5. Auflage, München 1976 (zitiert: Schlegelberger-Bearbeiter)

*Schmidt,* Gert: Die Kartenzahl wird sich verfünffachen, in: Geldinstitute 3/1989, S. 19 - 21
(zitiert: Schmidt)

*Schneider,* Michael: Clinch mit dem Handel, in: WiWo Nr. 3, 13. 1. 1989, S. 86 - 88 (zitiert: Schneider, Handel)

— Kehrtwende in Frankfurt, in: WiWo Nr. 36, 1. 9. 1989, S. 95f. (zitiert: Schneider, Frankfurt)

*Schneider,* Uwe H.: Das Recht des elektronischen Zahlungsverkehrs, Frankfurt 1982 (zitiert: Schneider, Zahlungsverkehr)

*Schneider,* Uwe H. / *Merkel,* H.: Preisaufschläge bei Zahlung mit Scheck, Kreditkarte oder automatisierten Kassen?, in Festschrift für Klemens Pleyer zum 65. Geburtstag, S. 115 - 132, hrsg. von Hofmann, P., Meyer-Cording, U., Wiedemann, H., Köln 1986
(zitiert: Schneider / Merkel)

*Schönle,* Herbert: Bank- und Börsenrecht, 2. Auflage, München 1976 (zitiert: Schönle)

*Soergel,* H. Th. / *Siebert,* W.: Bürgerliches Gesetzbuch mit Einführungsgesetz und Nebengesetzen, Band 1: §§ 1 - 240, 12. Auflage, Stuttgart 1987; Band 2/1: §§ 241 - 432, 11. Aufl., Stuttgart 1986; Band 2/2: §§ 433 - 515, 11. Aufl., Stuttgart 1986; Band 3: §§ 516 - 704, 11. Aufl., Stuttgart 1980; Band 4: §§ 705 - 853, 11. Aufl., Stuttgart 1985
(zitiert: Soergel-Bearbeiter)

*Stauder,* Bernd / *Weisensee,* Gerd: Das Kreditkartengeschäft, Frankfurt 1970 (zitiert: Stauder / Weisensee)

*Staudinger,* Julius von: Kommentar zum Bürgerlichen Gesetzbuch, Buch 1: §§ 1 - 240, 12. Auflage, Berlin 1976; Buch 2: §§ 328 - 335, 12. Auflage Berlin 1983; Buch 2: §§ 657 - 740, 12. Auflage Berlin 1980; Buch 2: §§ 741 - 822, 12. Auflage, Berlin 1986
(zitiert: Staudinger-Bearbeiter)

*Stecher,* Reiner: Rechtsfragen beim Bankomaten, in: WM 1977, S. 186 - 190 (zitiert: Stecher)

*Stein-Jonas:* Zivilprozeßordnung, 2. Band, Teilband 1, (§§ 253 - 299a), 20. Auflage, Tübingen 1987
(zitiert: Stein-Jonas/Bearb.)

*Stewart,* Gerald: Computerkassen lassen Wochen zu Sekunden schmelzen, in: Beilage der SZ v. 8. 6. 1989 „Banking Internatinal" S. X
(zitiert: Stewart)

*Terrahe,* Jürgen: Vom Bargeld und eurocheque zu POS?, in: „Auswertungsbericht zum VIII. Internationalen AIESEC Bankenseminar Bank 2000, Köln 1986
(zitiert: Terrahe)

*Titz,* Peter: Zur Automatisierung des Zahlungsverkehrs am Point of Sale: Methodenstreit oder Wirklichkeit, in: BuM 8/1987 S. 24
(zitiert: Titz)

*Ulmer,* Peter: Der Vertragshändler, München 1969
(zitiert: Ulmer, Vertragshändler)

— Die Gesellschaft bürgerlichen Rechts, Kommentar der §§ 705 - 740, 2. Auflage, München 1986
(zitiert: Ulmer, Gesellschaft)

*Ulmer,* Eugen: Das Recht der Wertpapiere, Stuttgart 1938
(zitiert: Ulmer, Wertpapiere)

*Viebcke,* Volker: „Durch Datenverarbeitungsanlagen abgegebene“ Willenserklärungen und ihre Anfechtung, Diss. Marburg 1972
(zitiert: Viebke)

*Weimann,* Jürgen: Risiken und Sicherheitspotentiale der Chipkarte, in: CR 1988, S. 1037 - 1041
(zitiert: Weimann)

*Weller,* Michael: Das Kreditkartenverfahren, Köln 1986
(zitiert: Weller)

*Welter,* Reinhard: Rechtsfragen kartengesteuerter bargeldloser Zahlungssysteme, Mainz o. J.
(zitiert: Welter)

*Werhahn / Schebesta:* Die neuen Bankbedingungen, Wiesbaden 1980
(zitiert: Werhahn / Schebesta)

*Werner,* Martin: Das Geldausgabeautomatengeschäft nach deutschem Recht, Diss. St. Gallen 1984
(zitiert: Werner)

*Widmer,* Alex W.: Point of Sale-Systeme, in: Revolution des Zahlungsverkehrs durch Automation, Hrsg. Leo Schuster, Stuttgart o. J.
(zitiert: Widmer)

*Zahrnt,* Hanns-Christoph: Die Sicherheit der Scheckeinlösung, Berlin 1971
(zitiert: Zahrnt, Scheck)

*Zahrnt,* Christoph: Die Kreditkarte unter privatrechtlichen Gesichtspunkten, in: NJW 1972, S. 1077 - 1081
(zitiert: Zahrnt, Kreditkarte)

*Zeyer,* Fred: „Bankkunden sollen in Köln nur mit Scheckkarte zahlen“, in: FAZ v. 17. 10. 1988, S. 16
(zitiert: Zeyer)

*Zöllner,* Wolfgang: Zur rechtlichen Problematik der Scheckkarte, in: DB 1968, S. 559 - 564
(zitiert: Zöllner, Scheckkarte)

— Wertpapierrecht, 14. Auflage, München 1987
(zitiert: Zöllner, Wertpapierrecht)

FSC
www.fsc.org
MIX
Papier | Fördert gute Waldnutzung
FSC® C083411

Kolibri 360 GmbH
Ferdinand-Jühlke-Straße 7
99095 Erfurt, Deutschland
produktsicherheit@kolibri360.de

Druck:
CPI Druckdienstleistungen GmbH
im Auftrag der
Kolibri 360 GmbH
Ferdinand-Jühlke-Str. 7
99095 Erfurt